本书获得

● 2023 年度陕西省教育厅科学研究计划项目一般专项"榆林市政府环境规制对地区绿色创新影响的研究"(23JK0266)资助。

● 榆林学院高层次人才科研启动基金资助项目"我国生态文明制度体系对绿色创新影响的研究"(2023GK56)资助。

Management
Insights
管理新视野

THE IMPACT OF
GOVERNMENT ENVIRONMENTAL REGULATION
ON GREEN INNOVATION

政府环境规制
对绿色创新的影响

康鹏辉　著

厦门大学出版社　国家一级出版社
XIAMEN UNIVERSITY PRESS　全国百佳图书出版单位

图书在版编目（CIP）数据

政府环境规制对绿色创新的影响 / 康鹏辉著. -- 厦门：厦门大学出版社，2023.12
（管理新视野）
ISBN 978-7-5615-9228-1

Ⅰ. ①政… Ⅱ. ①康… Ⅲ. ①地方政府-区域环境规划-影响-企业创新-研究 Ⅳ. ①F273.1

中国国家版本馆CIP数据核字(2023)第251797号

责任编辑　李瑞晶
美术编辑　李嘉彬
技术编辑　朱　楷

出版发行　厦门大学出版社
社　　址　厦门市软件园二期望海路39号
邮政编码　361008
总　　机　0592-2181111　0592-2181406(传真)
营销中心　0592-2184458　0592-2181365
网　　址　http://www.xmupress.com
邮　　箱　xmup@xmupress.com
印　　刷　厦门市明亮彩印有限公司

开本　720 mm×1 000 mm　1/16
印张　14.25
插页　2
字数　256 千字
版次　2023 年 12 月第 1 版
印次　2023 年 12 月第 1 次印刷
定价　56.00 元

本书如有印装质量问题请直接寄承印厂调换

厦门大学出版社
微信二维码

厦门大学出版社
微博二维码

前 言

新中国成立以来,我国经济飞速发展。然而,伴随着工业化进程的加快和经济的高速发展,我国的环境问题逐渐凸显并呈现愈加强烈之势。绿色创新为我国生态文明建设和推动经济高质量发展提供了重要途径,有利于生产发展方式的转变。环境规制作为政府治理环境的关键方式,在当前环境污染问题和实现"双碳"目标的背景下,其制定对推动绿色创新有重要影响。因此,本书探究政府环境治理行为对绿色创新的影响及作用机制,并最终提出对策建议。

本书围绕政府环境规制对绿色创新的影响展开。首先,对环境规制和绿色创新概念、环境规制强度、环境规制工具、绿色经济效率、绿色创新行为等方面的文献进行整理,为本书的写作提供理论借鉴。其次,回顾了环境规制的相关理论,为后续研究提供理论依据和指导。再次,对环境规制的发展历史进行梳理,这不仅有助于了解我国环境规制体系的发展历史阶段特征,而且能够厘清当前环境规制在我国生态文明建设和推动高质量发展中所扮演的重要角色。而且,着重分析了环境规制实施的效果,更加直观地展现了我国在环境治理过程中所取得的成就。复次,基于上述基础,本书提出和验证了环境规制对绿色创新具有"成本遵循"和"创新补偿"两个方面的影响,进一步找出了其背后运行的中介机制。并且,依据空间异质性,分析了不同空间维度下环境规制对绿色创新的影响以及不同的运行机制。最后,基于上述分析,提出了对策建议。

研究表明:第一,环境规制对绿色创新效率驱动效应呈现出2012年前增强、其后减弱的"倒U形"时间分布特征。环境规制对绿色创新效率的遵规成本效应要弱于创新补偿效应,使得环境规制的综合效应为正,即"波特假说"在本样本内得到验证。第二,环境规制与产业升级呈正相关,环境规制力度越强,产业升级力度也越强;R&D经费投入增长有助于绿色创新专利数量增加,说明随着研发投入力度的增强,研发投入对绿色创新影响会产生正向突变,资金投入越多,绿色创新的数量就会越多;在环境规制强度较低时,"污染天堂"假说成立,双向FDI (foreign direct investment,外商直接投资)确实会造成污染密集型企业集聚,使绿色创新效应显著减弱。第三,随着研发补助力度的增大,费用型环境规制的绿色创新效应会降低,命令型规制的绿色创新效应得以增强;随着低碳补助力度的增大,命令型环境规制的绿色创新效应得以增强。第四,政府知识产权保护力度越强,生产者权益保护力度越强,环境规制强度对绿色创新的影响越大,调节效应越显著。命令型环境规制带有一定的强制性,政府无法通过保护产权和生产者权益达到主动刺激企业进行创新的目的;知识产权保护与生产者权益保护并不能促使投资型环境规制的绿色创新效应有所增强。

与现有研究相比,本书的贡献主要在于:第一,在经济高质量发展阶段,经济的发展不能再以环境的破坏换取生产力,要注重绿色创新。但是当前学者只关注环境规制政策实施过程中的"遵规成本效应"或者"创新补偿效应",显然这是有偏差的。因此,本书同时考虑环境规制的遵规成本效应和创新补偿效应,对其效应程度进行分解,并得到环境规制的综合效应,为理解环境规制对绿色创新的作用特征提供了新的视角。第二,分析了环境规制对绿色创新效率的双边效应的时空特征及变动规律,弥补了现有文献的不足。第三,从政府经济支持、政府法律支持、产业结构优化、技术创新投入、双向 FDI 等方面出发,揭示了环境规制对绿色创新影响的传导机制,对相关理论进行了补充。第四,从空间异质性角度分析了不同地域中介和调节机制的相异之处,进一步补充了空间视角下环境规制对绿色创新的影响的相关研究。通过环境规制对绿色创新的异质性分析,可以很好地了解地区间的传导机制有哪些,发现在此过程中各地区存在的问题,进而提出针对性的建议,为实现经济高质量发展和生态文明建设提供依据。

时光荏苒,白驹过隙。回望这一路,感慨颇多,要感谢支持、陪伴、帮助我的老师、同学、朋友和家人,是你们让我不断地坚定自己的选择,从而成就了今天的我。

首先,我要感谢我的导师茹少峰教授。茹老师以严谨务实的学术态度影响着我,在本研究方向的选择、选题和框架结构的设计,以及最后的校验上,他都非常认真地给予我建设性的指导意见和建议。其次,要感谢一直给予我关心和关怀的同学和朋友,感谢他们给予我很多鼓励、帮助和提醒。最后,要深深地感谢我的父母和其他家人们。感谢他们理解我,给予我支持,鼓励我奋力前进。最后,真挚地感谢学校和学院的精心培养,感谢在本书写作期间给予我珍贵指导的各位老师和前辈。

康鹏辉

2023 年 7 月

目　录

1　导论

1.1　研究背景与意义

1.1.1 研究背景

新中国成立以来，我国经济获得飞速发展，2020 年 GDP 为 1015986 亿元，是 1952 年和 1978 年 GDP 的 1486 倍与 250 倍。其中工业的发展最为显著，1952 年工业总产值占 GDP 的比重仅为 17.6％，1978 年这一比重达到最高值点 44.1％，2006 年出现了第二高值点 43.1％，此后这一比值逐渐降低至 32％左右。从上述数据可见，我国经济的高速发展更多依托于工业化进程。但是，随之而来的是我国的环境问题逐渐凸显并呈现愈加强烈之势。从我国工业污染物排放数量来看，2019 年化学需氧量排放 771613 吨，氨氧化物、二氧化硫、烟粉尘排放量分别为 5481000 吨、3953669 吨、9259286 吨，危险废弃物体产生量为 81260000 吨。虽然这些工业污染物的排放数量相对于之前有所减少，但是固体废物综合利用率在 2019 年仅约为 55%，这意味着虽然我国在环境治理方面对污染总体数量的控制已见成效，但利用效率却很低。耶鲁大学公布的各国环境绩效指数也可说明该情况，2018 年中国的该项指数为 50.71，在 181 个国家中排名第 120 位。存在严重的污染问题，不仅有损一国的国际形象，需要政府支付大量资金建设环境基础设施，同时也会给居民带来健康困扰。简言之，环境污染会影响生态环境和经济的高质量发展。因此，需要加强环境治理。

党和国家在重要会议中提出重要思想，然后环保部门以此为依据颁布和制定治理环境污染和环境保护的规章制度，此即政府环境规制。党的十八大提出包含生态文明建设的"五位一体"总体布局，这实际上是要求在发展过程中须坚持尊重自然和顺应自然的生态思想，而不是"人定胜天"等夸大人的主观能动性的违背自然的观念。十八届五中全会系统提出新发展理念，提出要在发展过程中坚持绿色发展理念，改变过去以牺牲环境为代价的发展理念，改变过度关注国民生产总值增长率的简单"论英雄"模式。党的十九大报告强调当前我国处在转变发展方式的攻关期，要推动经济发张质量变革、效率变革和动力变革。十九届五中全会与中央经济工作会议也在不断强调高质量发展的主题，将污染防治作为国家三大攻坚战之一，并且提出科技自立自强的国家发展战略，将创新等作为经济发展动力，从根本上解决污染问题。党的二十大报告明确提出，以中国式现代化全面推进中华民族伟大复兴。人与自然和谐共生是中国式现代化的本质要求之一。全国生态环境保护大会强调，建设美丽中国是全面建设社会主义现代化国家的重要目标，要以美丽中国建设全面推进人与自然和谐共生的现代化。

在经济学视角下,环境资源是外部性较强的公共品,企业等微观主体的抉择并非完全正确,其在生产过程的首要追求是利润最大化。这说明只依靠企业的理性行为是不够的,会导致市场失灵。因此,环境治理需要政府制定和运用政策等工具和手段。恰当的制度安排会加快和加大环境治理速度和力度,主要路径机制在于较强的环境制度规划提高了相关要素价格,进一步增加了企业的生产成本,这样会促使企业做出开展技术创新工作等行为选择。国家提出的创新驱动发展战略,实质上也在引导和要求企业等微观主体必须将环境规制与创新相衔接,以推进国家生态文明建设。

基于上述背景,制定合理的环境规制来促进绿色创新成为"双碳"目标实现的关键举措,也是我国高质量发展亟待解决的问题之一。面临新问题和新历史阶段任务,国家制定颁布了《高耗能行业重点领域节能降碳改造升级实施指南》《关于严格能效约束推动重点领域节能降碳的若干意见》《关于完善能源绿色低碳转型体制机制和政策措施的意见》《"十四五"节能减排综合工作方案》等文件。

环境规制实施能否对绿色创新产生影响?绿色创新效应如何?中介机制和调节机制是什么?这些是本书的主要研究问题。

1.1.2 研究意义

环境治理过程中政府规制行为的经济增长效应需要给予重点关注。在环境污染不断恶化,居民生产、生活和健康受到严重威胁情形下,政府颁布了许多与之相关的法律法规等文件用以指导企业等市场主体在生产过程中的行为。但是,关键在于如果政府在环境治理过程中所制定的环境规制过于严格,虽然能够使得环境质量得以向良好方向发展,但也会出现企业生产能力下降进而导致国民经济低速发展甚至停滞的情况。这不利于我国跨越"中等收入陷阱",实现 2035 年远景目标和推进国家现代化进程。因此,需要党和政府在环境规制的制定上恰当处理其与经济增长之间的关系,不仅有效减少环境污染和保护环境,而且实现经济的稳步增长,应该使二者之间形成强有力的耦合效应,不可偏废其一。

在我国高质量发展阶段,经济的发展不可再以环境换取生产力,要注重绿色创新。但是当前学者对环境规制政策实施过程只关注环境规制对绿色创新的"遵规成本效应"或者"创新补偿效应",显然对于环境规制绿色创新效应的机制的讨论还存在欠缺的地方。因此,围绕这些方面进行研究具有重要的理论意义与现实意义。

首先是理论意义。整体而言,本书运用了经典的经济学理论并结合较为前瞻的研究方法,系统地搭建了环境规制对绿色创新影响的理论框架,沿着效应、传导机制和空间异质性的思路进行探讨。这对于环境规制对绿色创新影响的相关理论有一定的补充,同时也为实现环境保护和经济高质量发展提供了理论依据。第一,本书立足高质量发展阶段,在新发展理念指导下分析了环境规制对绿色创新的影响,进一步完善了环境规制与高质量发展维度的相关理论。第二,本书从政府经济支持(研发补助和低碳补助)、政府法律支持(加强产权保护)、产业结构优化、技术创新投入、双向 FDI 等机制,揭示了环境规制对绿色创新影响的传导机制,补充了相关理论。第三,从空间异质性角度分析了在不同的地域中介和调节机制的相异之处,进一步补充了空间视角下环境规制对绿色创新的影响的相关理论。

其次是现实意义。第一,"绿水青山就是金山银山""保护生态环境就是保护生产力"等论断的提出,为我国环境保护规章制度的颁布与实施提供了理论依据。而且,在促进经济高质量发展进程中,推进现代化建设新征程和"双循环"新发展格局等国家战略的提出进一步提高了转变发展方式的要求。那么,政府提出的环境规制是否能够促进经济高质量发展?是否能实现环境保护和生产力提高双赢?本书评估了环境规制对绿色创新的影响,对于环境规制的改进与完善具有重要的参考和借鉴意义。第二,规章制度在地区之间具有异质性,缘于地区经济发展程度、科技力量等区域特质。故而,环境规制的异质性分析是必要的。并且,通过地方政府行为的差异性分析,可以很好地了解地区间的传导机制有哪些,以及在此过程中各地区存在的问题,进而提出针对性的建议,最终为我国政府的环境治理提供参考,以便修改和完善相关政策法规,进而实现经济高质量发展,推动生态文明建设。

1.2 研究思路与方法

1.2.1 研究思路

本书主要沿着"文献回顾与整理—环境规制对绿色创新效应分析—实证检验—提出建议"的思路进行研究。首先,对环境规制和绿色创新概念、环境规制强度、环境规制工具、绿色经济效率、绿色创新行为等方面的文献进行整理,为本书提供理论借鉴。其次,对相关理论进行整理,不仅梳理了理论发展脉络,而且也为理论模型的构建,以及理论与实证分析做了铺垫。再次,对环境规制的发展历史进行梳理,不仅可以了解我国环境规制体系发展的历史阶段特征,而且也能够清晰地知道当前环境规制在我国生态文明建设和推动高质量发展中所扮演的重要角色。此外,本书着重分析了环境规制实施的效果,更加直观地显示了我国在环境治理过程中所取得的成就。复次,基于上述内容,我们提出和验证了环境规制对绿色创新具有"成本遵循"和"创新补偿"两个方面的效应,进一步找出了其背后运行的中介机制。并且,依据空间异质性,分析了不同空间维度下环境规制对绿色创新的影响以及相应的运行机制。最后,基于上述分析,提出了对策建议。

1.2.2 研究方法

在本书的理论与实证研究中,主要采用了归纳推理、比较分析、计量与统计分析方法。

第一,归纳推理的方法。一方面,本书研究的主题,是根据现有相关研究、立足我国高质量发展阶段、依据新发展理念总结而来的。也就是说,我们的研究不仅是以前人的研究为基础的,更是符合当前我国的基本国情和发展战略的。另一方面,本书的研究对国家环境规制体系的历史演绎分析,归纳了不同阶段环境规制体系的内容,为后续研究提供了历史性证明。

第二,比较分析的方法。一方面,在关于环境规制的实施效果及其对绿色创新的影响和中介机制的分析过程中,不仅剖析了考察期内我国整体情况,而且通过将我国分为四大区域的空间异质性分析对我国不同空间区域的结果进行阐释,清晰地说明了不同空间下的差异情形,为提出针对性的对策建议提供基础。另一方面,为了能够明确不同环境规制下的绿色创新效应,我们将环境规制进行类别划分,从而比较分析出不同政策工具的特点和不足。

第三,计量分析方法和统计分析方法。为了能够全面分析环境规制对绿色创新的影响和探讨中介机制,主要采取了以下方法。

一是统计分析方法。在总结归纳了1949年至今我国环境规制体系的基础上,通过统计分析中的描述统计分析法分析了绿色全要素生产率、工业污染物的排放等维度在样本区间内的基本状况,梳理清楚了环境规制实施所取得的成果。

二是采用双边随机前沿模型,对环境规制影响绿色创新效率的创新补偿效应、遵规成本效应及其净效应进行了分解,并对其规律特征进行了分析。

三是门限回归分析方法。当在回归分析过程中由于估计系数值存在不稳定性,需要将全样本数据划分为几个子样本进行回归分析时,就需要采用门限回归分析方法。在不同的环境规制阶段,某一中介变量发挥的作用有很大差异,采用此方法能够比较不同阶段特征。

四是中介效应和调节效应方法。中介效应主要用于解释变量对被解释变量产生影响的作用机制。调节效应的基本原理则在于调节变量与解释变量的乘积对被解释变量的影响,验证变量之间的作用关系。本书通过引入产业结构升级、法律和经济支持等中介变量,对这些中介变量对于企业绿色创新的影响程度进行分析,探讨政府环境规制对绿色创新的作用机理。

1.3 研究内容与框架

1.3.1 研究内容

本书围绕政府环境规制对绿色创新的影响展开。首先,通过文献的收集,本书对环境规制和绿色创新概念、环境规制强度、环境规制工具、绿色经济效率、绿色创新行为等方面的文献进行归类整理,为本书的写作提供理论借鉴,同时发现当前文献存在的不足,并给予适当的扩展。其次,对与本书所研究主题的有关理论进行整理,梳理了理论发展的脉络,并以此为依据构建了理论模型,为本书的理论机制与实证分析提供了依据。再次,对环境规制的发展历史进行梳理,了解我国环境规制体系发展的历史阶段特征,明确当前环境规制在我国生态文明建设和推动高质量发展中所扮演的重要角色。复次,提出和验证了环境规制对绿色创新具有"成本遵循"和"创新补偿"两个方面的效应,进一步找出其背后运行的中介机制。并且,依据空间异质性,分析了不同空间维度下环境规制对绿色创新的影响以及相应的运行机制。最后,基于上述分析提出了对策建议。

本书章节安排如下。

第一章,导论。首先交代了研究的背景,引出研究主题。其次,阐述了研究的理论与现实意义,说明了研究的重要性和必要性。再次,介绍了写作思路、内容和框架,以及在理论和实证分析过程中用到的方法。最后,指出了本研究在相关研究中的边际贡献。

第二章,文献评述。本章对于文献的梳理主要包括以下几个方面:首先是对有关环境规制和绿色创新定义的相关文献进行梳理,这是本书写作的必要前提。其次,梳理了环境规制强度、环境规制工具、环境规制绩效研究、环境规制效应研究等环境规制方面的文献,为后续实证分析提供了借鉴。最后,梳理了绿色创新方面的文献,主要包括绿色经济效率、绿色创新度量等。

第三章,理论基础。梳理了市场失灵理论、波特假说、新制度主义理论、绿色技术进步理论等理论,为后续的理论模型构建、机制和实证分析过程提供了依据及指导。

第四章,政府环境规制对绿色创新影响理论机制。首先借鉴相关文献构建基础理论模型,然后将政府环境规制因素引入模型中,通过数理推导得到环境规制与绿色创新的关系,并得到相应的结论。进一步地,从理论层面详细地阐述了政府经济与法律支持、产业升级、双向FDI等变量的作用机制,为实证分析提供基础。

第五章,我国环境规制体系发展历程及实施效果。这一章节梳理了新中国成立以来我国环境规制体系发展历程,并将其整体上划分为五个阶段:初步探索时期(1949—1972 年)、初步确立时期(1973—1991 年)、高速发展时期(1992—2001 年)、逐步完善时期(2002—2012 年)和深化时期(2012 年至今)。与此同时,在时间和空间上从工业污染排放的二氧化硫排放、二氧化碳排放和氮氧化物排放等维度,以及绿色全要素生产率和政府环境治理投资的角度描述分析了我国环境规制效果。从时间角度可以清晰地看到每一个量化指标的变化趋势,从空间角度分析则可以呈现不同地域的环境规制效果。

第六章,环境规制的绿色创新双边效应分解。基于我国 2007—2018 年 30 个省(区、市)的面板数据,采用双边随机前沿模型,对环境规制影响绿色创新效率的创新补偿效应、遵规成本效应及其净效应进行了分解,并对其规律特征进行了分析。研究得出如下几个重要结论:环境规制对绿色创新效率的遵规成本效应要弱于创新补偿效应;环境规制对绿色创新效率驱动效应的强弱呈现出 2012 年前增强而后减弱的"倒 U 形"时间分布特征;环境规制对绿色创新效率驱动效应较强的区域多位于中西部地区,而东部一些市场化水平较高的地区,驱动效应较弱;绿色创新效率驱动存在环境规制和市场之间的权衡问题。

第七章和第八章,环境规制对绿色创新作用机制研究。在上述章节的基础上,这两章主要运用中介效应模型和调节效应模型分析环境规制对省际绿色创新的作用机制,包括政府经济支持、政府法律支持、产业结构优化、技术创新投入等。正是通过对机制的探寻,进一步丰富了环境规制对绿色创新影响的理论,也为我国环境规制的制定与实施提供了借鉴。

第九章,对策建议。针对问题提出了对策建议,包括推动产业结构绿色化升级、加强绿色创新的资金支持等。

第十章,研究结论与展望。本章共两部分内容:第一是研究的主要结论,包括总效应、中介效应和调节效应三方面;第二是阐述了研究存在的问题,如作用机制的探讨不深入、缺乏空间效应分析等。此外,针对上述不足提出了研究展望。

1.3.2 研究框架

首先通过梳理研究背景与意义、国内外文献等,提出研究问题,借助理论模型阐释政府环境规制对绿色创新影响的理论机制。其次,介绍我国政府环境规制发展历程及实施效果,进一步应用双边效应模型和面板门限模型等计量方法,分析政府环境规制对绿色创新影响的总效应和中介效应、调节效应,并据此提出政策建议。最后,运用归纳法得出结论(总体框架与技术路线见图 1-1)。

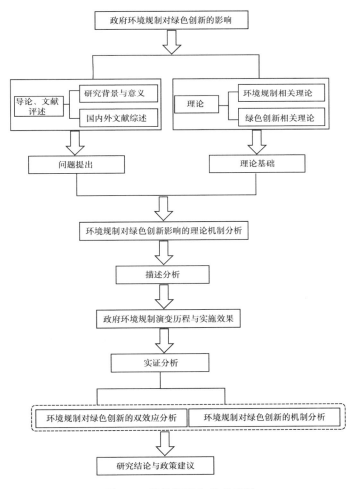

图 1-1　总体框架与技术路线

1.4 研究创新

本书的创新之处主要在于：(1)在经济高质量发展阶段，经济的发展不能再以环境为代价换取生产力，要注重绿色创新。但是当前学者只关注环境规制实施过程中的"遵规成本效应"或者"创新补偿效应"，显然这是有偏差的。因此，本书同时考虑环境规制的遵规成本效应和创新补偿效应，对其效应程度进行分解，并得到环境规制的综合效应，为理解环境规制对绿色创新的作用特征提供了新的视角。(2)分析了环境规制对绿色创新效率双边效应的时空特征及变动规律，弥补了现有文献的不足。(3)从政府经济支持(研发补助和低碳补助)、政府法律支持(加强产权保护)、产业结构优化、技术创新投入、双向 FDI 等方面出发，揭示了环境规制对绿色创新影响的传导机制，对相关理论进行了补充。(4)从空间异质性角度分析了不同地域中介和调节机制的相异之处，进一步补充了空间视角下环境规制对绿色创新的影响的相关研究。通过环境规制对绿色创新的异质性分析，可以很好地了解地区间的传导机制有哪些，发现在此过程中各地区存在的问题，进而提出针对性的建议，为实现经济高质量发展和生态文明建设提供依据。

2　文献评述

2.1　相关概念

对核心概念进行系统的阐述和详细的说明,不仅有利于深入进行理论分析,而且有利于进行科学的实证研究,以使从研究对象到研究范围都能精准细致,从而提出正确合理的命题,凝练现实问题,为获得正确的结论和提出科学的政策建议奠定坚实的基础。

2.1.1 环境规制

"规制"一词的概念起源于古罗马时期,当时仅指为商人的商业活动而制定的法律。随着时间的推移,"规制"在经济学领域的内涵和外延逐渐发生改变。凯恩斯主义时期,规制是指从宏观上对经济进行调控的货币财政手段。

日本经济学家植草益(1992)认为规制是社会公共机构为了约束经济主体和特定经济人而制定的基本规则。2000年以后,沈芳(2004)、李旭颖(2008)、张红凤(2012)等丰富了规制的含义,认为是相关主体为了监管经济活动制定的一系列政策制度、法律法规和措施手段的总称。

本书要探讨的是政府在环境方面的规制,具体而言,就是政府作为一个相关主体对经济活动造成的环境问题出台的政策、颁布实施的法律和采取的措施等。

环境规制作为社会规制的一部分,是政府制定实施的各项关于环境保护的法律法规、政策措施的总称。英国经济学家马歇尔的《经济学原理》(*Principles of Economics*)一书最早提出环境问题的"内部经济性"和"外部经济性"。Pigou(1920)在《福利经济学》一书中提出以税费的方式解决环境的外部性问题。环境资源属于公共资源,具有非竞争性和非排他性,在环境资源开发利用过程中会出现"公地悲剧"的环境问题,也就是说,享受资源红利的主体没有承担相应的责任,造成"市场失灵",严重影响人类的生命安全,只有通过政府这只"看得见的手"才能保证外部的正经济性。因此,本书要探讨的就是为达到保护环境和经济发展的双重目标,政府在环境规制方面的具体做法。

环境规制强度的内涵丰富,是学者在研究环境规制与绿色创新两者关系时提出来的,环境规制强度主要是指政府执行环境规制决策的力度和持久性。关于环境规制强度的测算和衡量,不同的学者有不同的观点。王勇和李建民(2015)基于影响实证的可靠性角度,将环境规制强度的测算方法分为污染物排放、污染治理投入、替代指标和综合评价四个方面。程都和李钢(2017)基于对环境规制程度的量化,将环境规制强度衡量方法分为定性指标法、定量指标法、综合指标法,其中定量指标测算法实用性最强,应用广泛。多数经济学家都从不同的角度对环境规制强度进行定量测算。Low 和 Yeats(1992)提出以政府制定实施治理环境污染的政策数量为测算环境规制强度的依据。张晓莹（2015）基于外部成本内部化提出，企业治理污染和研发创新的投入的多少可以有效反映环境规制强度的大小。张平淡等（2014）基于工业固体污染物和工业气体污染物的排放量判断我国环境规制的强弱。张倩和曲世友（2013）认为基于排污收费衡量环境规制强度更科学准确。陆旸（2009）认为环境规制强度和国民收入水平密切相关，用人均 GNP 反映环境规制的强度；也有学者提出用人均 GDP 反映环境规制的强度。借鉴 Sonia 和 Natalia（2008）的做法，本书主要采用定量指标法测算环境规制强度，这种测算方法不仅能够全面反映环境规制的水平，而且能够反映环境规制的综合水平。本书采用地区生产总值与地区能源总消耗的比值来反映环境规制强度，它能够反映地区环境规制的综合效果。该比值越大，说明在一定的 GDP 水平下，环境规制的节能减排的效果越明显，也意味着环境规制的强度越大。

与环境规制相关的另一概念是环境规制工具。环境规制工具是指政府为减少发展经济造成的环境损害并且达到环境规制的既定目标而制定的制度规则。张天悦（2014）提出环境规制工具的本质是环境规制概念的外延，具体而言，就是为了达到环境规制的最终目标而制定实施的具体操作方法或规范。Blohmke 等（2016）在对环境规制工具内涵界定的过程中，提出环境规制工具不仅是实现环境规制目标的重要手段，而且还是构建环境规制体系的根本基础。顾正娣（2016）认为，环境规制工具是政府为实现环境规制目标采取的方法手段。本书沿用这一思路，认为环境规制工具是政府环境规制具体执行时的一种载体，也是落实政府环境规制政策的一种措施和手段。

根据环境规制行为，OECD（Organization for Economic Co-operation

and Development,经济合作与发展组织)将环境规制工具分为命令控制型、市场激励型和社会参与型三种。控制命令型的环境规制工具是政府强制性执行环境规制的主要手段,主要是以法律法规的方式进行干预;市场激励型环境规制工具是激发企业创造性、使企业内部环境外部化的重要方式,主要是通过税费、排污权交易等市场机制调控企业行为,很大程度上弥补控制命令型环境规制工具的不足;社会型环境规制工具能够有效地扩大社会福利,优化社会效益,政府通过宣传引导企业和公众的环保意识,提高社会公众自愿保护环境的参与度。彭海珍和任荣明(2004)将政府环境规制的工具分为经济激励型、命令控制型和政商合作型。夏欣(2019)提出四种政府环境规制的方式:一是产权私有化,二是限制开发,三是外部成本内部化,四是排污权交易。梁劲锐(2019)将政府的环境规制方式分为控制命令方式、成本内部化方式、产权界定方式。

2.1.2 绿色创新

绿色创新以提高经济效益为主要目标,是描述高生态效能的创新行为(贯君,2017)。技术创新管理理论认为绿色创新是技术创新的重要方面,也是企业解决绿色问题的关键(Mirata and Emtairah,2005)。Chen 等(2006)提出绿色创新是有关绿色产品设计、生产、流通的各个环节的技术创新。本书认为绿色创新就是绿色技术创新,是指减少环境污染,减少原材料和能源使用的有关技术、工艺或产品方面的技术创新(齐绍洲 等,2018),其实质就是达到社会效益、经济效益和环境效益的统一,实现经济社会环境的可持续发展(顾正娣,2016)。关于绿色创新内涵的研究,目前主要分为三类:一是绿色技术的创新。赵细康(2003)认为绿色技术创新就是为了更好地保护生态环境的技术创新,也是为减少污染物的技术和过程的创新(赵红,2007)。二是绿色技术的应用。Berry等(1998)认为绿色技术创新是在越来越严格的环境法律法规要求下企业利用的创新技术。三是绿色经济效率的实现。其他学者提出绿色技术创新是通过采用绿色能源、更新先进设备、提高技术工艺,实现企业绿色经济效率的提升。

与绿色创新相关的概念主要包括绿色经济效率和绿色创新行为。

其一,绿色经济效率,是指在绿色经济在改善生态环境的基础上实现对经济活动能效的增加(唐啸,2014)。对绿色经济效率这一概念的讨论,主要分为两个方面:一是外部成本内部化。王沂平(2001)通过分析市场经济的外部性,探讨了外部成本内部化是如何影响绿色经济效率;郭江等(2018)系统地阐述了生态补偿理论,并探讨了相关机制和测算标准。二是重建国民财富的经济核算方式。陈梦根(2005)对国民财富的经济核算进行了探索性研究;胡鞍钢(2012)探讨了当时核算 GDP 方法的弊端。

绿色经济的内涵和我国提出的绿色发展理念不谋而合,都是确定以促进经济、环境和社会共同发展且符合绿色经济要求的发展模式发展。进入 21 世纪以来,人们开始意识到保护生态环境的重要性,积极投身到环境保护的各项事业中,同时越来越多的国际组织和各国学者也热衷于以绿色经济作为研究对象。2008 年,联合国开发计划署基于相关行业对绿色经济的含义进行讨论,认为绿色经济可以在保证人和自然和谐的前提下为人类提供更多的发展机会。2010 年,二十国集团领导人峰会将与绿色经济相关的议题作为讨论的重心,得出绿色经济是一种在满足人类当前需求情况下不损害生态环境的经济发展模式。

英国学者大卫·皮尔斯(1997)提出以环境保护和良好生态环境为基础的绿色经济概念。众多其他学者也提出要以发展经济的视角解决环境问题。根据我国现实发展需要,党的十八届五中全会首次提出绿色发展理念,此后政府发布的相关报告对绿色发展进行了全面系统的论述,并强调了环境资源、社会生活和经济发展"三位一体"的发展模式。同时,我国学者也对绿色发展理念进行系统的研究,如王玲玲和张艳国(2012)指出符合环境承载能力的持续性经济发展就是绿色发展,周绍杰和胡鞍钢(2014)认为环境保护和经济持续协调发展是绿色发展的重心。

效率就是在一定成本基础上获得的收益。随着经济高速增长,我国经济发展的不平衡、不协调和不可持续的矛盾日益凸显,为解决这一矛盾,不断实现人民对美好生活的向往,"高质量发展"这一表述被提出。从经济增长的过程和结果来看,"高质量发展"主要包括经济结构的优化、经济运行的稳定、人民福利的增加、环境资源的合理开发使用,要求在一定绿色经济成本上的经济效率。

其二,绿色创新行为。在当前世界环境问题日益突出和多数国家加大对生态环境治理力度的大背景下,学者们探索了绿色创新活动对经济可持续发展的意义。例如,James(1997)提出在环境资源的可承载范围内,通过研发新工艺和开发新产品来增加企业经济绩效。在特定研发投入下衡量绿色创新产出,学术界的做法主要分为两类:一是在创新产出的基础上,纳入工业"三废"等环境污染指标。例如,曹霞和于娟(2015)以商业发展水平、技术创新水平、能耗产出水平及环境污染程度作为综合因素衡量绿色创新产出,具体评价指数是新品销售额、申请专利数、能源消耗投入产出比率和污染综合指数;吴超等(2018)结合创新和环境产出构建双重期望产出联合效率模型,对重污染行业绿色创新效率进行研究;钱丽等(2018)根据"三废"污染物和单位 GDP 的工业碳排放量构建绿色创新效率的研究框架;邝嫦娥等(2019)确定的非期望产出指标包括工业 SO_2 排放量与工业烟(粉)尘排放量,期望产出指标包括专利申请数与新产品产值。二是采用绿色专利作为绿色产出的衡量指标。第一类做法的问题是将环境污染等与研发创新关联度不够的指标纳入,缺乏严谨考量,而用绿色专利指标更能直接反映绿色创新的产出水平。本书参考董直庆和王辉(2019)的做法,采用绿色专利作为绿色创新产出指标。

尽管有学者尝试对绿色专利的概念和内涵进行梳理,但尚未形成统一、明确的定义。邵培樟(2014)认为,绿色专利就是指基于人与自然和谐相处而研发、应用的相关专利,是符合环保理念和满足环保需要的专利制度概念。吴金谦(2016)认为,绿色专利是以绿色技术为主要内容的研发、应用及方案设计等相关的专利。目前,较为普遍的做法是给出绿色专利相应的技术分类号。因此,本书主要根据世界知识产权组织列出的绿色专利清单中的分类编码,通过设置专利类型、计算机分类编码、发明者地址等查询方式,从国家知识产权局中国专利公布公告网上获取不同省份的绿色专利授权量数据。在指标获取的基础上,通过 SFA(stochastic frontier analysis,随机前沿分析)技术对绿色创新效率进行估算。

2.2 环境规制

2.2.1 环境规制理论研究

环境规制是社会性规制的重要内容,因此环境规制理论的基础就是外部性理论,并随着技术产业的变革和社会的进步不断地演化发展。最早提出外部性理论的是英国古典经济学派的代表学者马歇尔,他在1980年出版的《经济学原理》一书中提出了经济的外部性概念。马歇尔指出,市场经济主体应该通过合理优化配置资源提高社会福利,使社会运行状态更加高效,不能以非市场手段提升社会福利,影响社会整体资源配置。马歇尔以企业为研究核心,从企业成本的角度分析了影响企业内部和外部经济的各种因素,但没有明确提出对应的概念。直到1912年,庇古在《福利经济学》一书中系统地阐述了外部性理论,并提出了和外部性经济相对应的外部不经济的概念。庇古认为,政府干预可以有效解决外部性导致的社会福利缺失的问题。新制度经济学派的代表学者科斯在《社会成本问题》一书中阐述了外部性问题内部化的方式:一是加强政府干预,二是明晰产权。科斯的观点充分表明用非政府干预手段解决市场问题的重要性。由于环境问题具有高交易成本和产权模糊的特点,因此,政府有力的干预,也就是用政府环境规制降低交易成本和提高经济效率成为解决环境问题的关键。

第一,政府环境规制能有效地解决外部性问题。史普博(1989)认为,政府环境规制可以改善商品生产过程中出现的外部不经济性。植草益(1993)提出,各种外部性因素会导致市场经济运行的混乱,政府环境规制可以很大程度上消除各种不稳定因素带来的消极影响,再加上环境本身具有审美、思想和道德层面的作用,因此政府环境规制不仅可以解决环境的外部性问题,而且能提升人类精神素养。随着社会生产力的不断发展,人们对精神文化生活的追求日益增强,完善公众需求方面的环境规制政策势在必行。

第二,环境规制的测度。多数学者一般认可两种环境规制的方式:一是控制命令型的环境规制,这是政府强制性执行环境规制的主要方式,主要是以法律法规的手段进行干预;二是市场激励型的环境规制,这是激发企业创造性,使企业内部环境外部化的重要方式,主要是通过税费、排污权交易等市场机制调控企业行为,能在很大程度上弥补控制命令型的环境规制方式的不足,降低经济成本,极大推动技术创新和进步(Baumol et al.,1988)。庇古在20世纪30年代就已经提出征收污染税的市场激励型环境规制概念,以排放污染物所造成的影响大小为征税的标准。根据相应的标准征税,促使企业的外部性问题内部化,达到规范市场经济活动的目的。通过排污所需的花费和排污产生收益的比较,来判定是否选择收取税费(Weitzman,1974)。同时,也可以选择交易排污许可证,但和发展中国家相比,发达国家更愿意选择收取相应的税费。李寿德和柯大钢(2000)分析影响环境规制的外部性的各种因素,并结合相关理论表达了自己的观点。石磊和马士国(2006)也系统地阐述环境规制产生的成本效应和补偿效应的衡量体系。赵玉民等(2009)全面地对国内外的环境规制理论进行分类和整理。王玉振和徐震(2012)研究我国的环境规制政策对企业经济绩效的作用效果,分别分析经济干预方式和行政干预方式对我国企业经济绩效的影响。宋马林和王舒鸿(2013)细化分析环境规制政策对我国地区绿色经济发展的影响。王志亮和杨媛(2016)通过对比我国和西方国家的环境规制政策,分析得出我国环境规制政策的优势和缺陷。于潇和孙悦(2017)梳理了我国环境规制政策的演化过程及不同阶段产生的影响效果。

2.2.2 环境规制效应研究

关于环境规制的影响效应,国内外学者主要研究三个方面。

第一,环境规制对技术创新的影响效应。Downing 和 White(1986)较早地探索了环境规制和技术创新之间的关系;Green 等(1994)研究了环境规制和企业技术创新的相关性;Pickman(1998)研究了美国 1973—1993 年的行业面板数据,发现环境规制和技术创新之间存在显著的正相关性。环境规制对技术创新产生的积极影响,具体表现在多个方面。政府的环境规制政策在长期内会对我国产业绿色技术创新产生激励作用(赵红,2008),环境规制在总体上具有绿色技术创新激励效应(白雪洁、宋莹,2009),恰当的环境规制可以激励企业进行绿色技术创新,有利于绿色技术的进一步扩散(聂爱云、何小钢,2012)。科学合理的环境规制能够通过对企业的创新补偿来提升企业的科技创新力(张倩、曲世友,2013)。

第二,环境规制对产业结构的影响效应。关于环境规制对产业结构的影响,学界主要持两方面观点。一方面观点是环境规制对产业结构优化升级具有阻碍作用,因为环境规制政策会增加企业的运行成本,减少企业的有效投资,从长期看不利于企业生产效率的提高。也就是说,企业为完成国家减少污染的既定目标,强制减少产能,降低生产效率。Jaffe 和 Palmer(1997)提出企业增加污染治理的费用,会加大自身的负担;有的学者研究发现企业治污支出的增加,会直接影响企业收益性支出;傅京燕等(2010)系统地分析了环境规制政策对我国整体产业结构升级的影响。另一方面观点是环境规制政策对产业结构优化升级有积极的促进作用,合理的环境规制政策能够激发企业的创新性,形成创新补偿效应,促进整个产业的转型升级。龚海林(2012)认为科学合理的环境规制政策可以提升生产者的生产积极性和创造性,并系统地阐述了环境规制政策影响产业升级的基本原理;原毅军和谢荣辉(2014)认为政府政策会提高企业生产成本,企业只有技术革新才能获得经济效益,此即环境规制政策对产业结构升级的倒逼机制。袁嘉琪和卜伟(2017)提出环境规制的空间溢出效应,即环境规制对产业结构的优化作用存在地区间的溢出。

第三,环境规制对 FDI 的影响效应。部分学者认为环境规制很大程度上会抑制外部投资的进入,反而更为宽松的环境规制政策更容易吸引 FDI(Esty and Dua,1997)。例如,陈刚(2009)通过对我国的省际数据进行实证研究,发现环境规制和 FDI 存在相关性,环境规制的强弱会影响 FDI;史青(2013)将环境规制作为影响企业生产成本的关键因素,分析 FDI 在特定区域的流动性。另一部分学者不赞成上述观点,认为环境规制可以吸引 FDI 的流入,研究了环境规制强度对 FDI 的有效吸引程度。其他学者经过研究,认为环境规制和 FDI 之间不存在明显的相关性。例如,朱平芳等(2011)对地区间环境规制政策之间的博弈关系进行梳理,发现地区的环境规制政策和 FDI 不具有显著的相关性;

原毅军和谢荣辉(2015)尽管赞成较低的环境规制水平能够刺激外资的流入,较高的环境规制水平很大程度上会阻碍外资的进入,但也承认地区环境规制政策对经济效应的作用很小。

2.3 绿色创新

2.3.1 绿色经济理论演进

随着经济和技术的不断发展,传统的发展模式已经不能适应经济可持续发展的需要。绿色经济理论是一种生态保护与经济高质量发展相结合的经济发展理念,其源于实践,不仅符合当前发展的需要,也是未来发展的必然选择。

2.3.1.1 早期绿色经济理论

自古典经济学诞生以来,经济学作为一门重要的学科经历了许多变化,但无论从微观经济学或宏观经济学的角度,还是从新古典经济学的角度来看,环境因素总是被作为一个外生变量来研究,生态环境问题没有引起学者们的重视,更没有形成系统的思想和理论。事实上,我们的经济活动会受到公共事物、外部环境等垄断因素的影响,导致"市场失灵"现象出现,进而导致经济发展与生态环境的不平衡。对此,经济学家开始反思传统经济学理论的缺陷和不足。早期经济学家主要从两个方面研究传统经济学存在的问题。一是生态环境。在古典经济学发展的早期,威廉·配第发现经济产出会带来资源和环境问题,也会制约经济的进一步发展。李嘉图和马尔萨斯也从经济学的角度讨论了环境问题对经济活动的影响。19 世纪中后期,资本主义经济的弊端频频显现,经济界开始意识到生态环境的重要性。到 20 世纪初,以环境问题为核心,注重外部因素的经济理论逐渐形成。马歇尔首先提出了"外部经济"理论。在此基础上,庇古进一步完善了外部因素,并论证了政府通过税收手段处理外部因素的非帕累托最优问题。科斯还指出,产权和外部成本内部化是有效解决外部经济问题的重要途径。随着生态环境外部因素理论研究的深入,传统经济理论的基础进一步动摇。二是道德层面。学者们认为人类的经济活动忽视了对其他自然物的保护和关注,应时刻关注人与自然应该保持什么样的关系,以及人对自然的态度。

2.3.1.2 环境和生态的经济学理论

传统经济学理论的不足长期困扰着学术界。20 世纪中后期,经济学家开始重新审视经济社会发展的判定标准,认为片面的经济增长不能反映发展的本质,需要结合生态环境等因素进行综合考量。从那时起,关于环境和生态的经济学理论开始出现。Carson(1997)提出环境经济学以环境所包含的内容为基础,通过经济学的手段,增加了对人类活动有帮助的相关方面探讨,使人类能够充分、科学利用现有资源。20 世纪 80 年代以来,绿色经济的理念已经深入人心,人与自然和谐发展成为时代的主题。学者们关注的是通过科技进步和环境政策来提高绿色经济的发展水平。在此背景下,绿色经济学应运而生。所谓绿色经济,就是在不破坏生态环境的前提下,确保资源的可持续利用并实现经济的发展(杨茂林,2012)。

2.3.1.3 绿色经济理论

出于实际发展需要,世界各国学者都逐步热衷于研究绿色经济。绿色经济学逐渐成为主流学科,对指导人类实践、促进社会全面发展具有重大意义和深远影响。21 世纪以来,绿色经济理论的发展大致有两个方向:一是基于生态环境的绿色经济理念,二是基于生态环境和社会的绿色经济理念。

生态环境导向的绿色经济注重生态环境的保护,以生态环境为目标导向,考虑如何通过发展经济来改善生态环境,即如何实现经济与环境一体化的"绿色经济"发展模式。

针对生态环境所引发的社会问题,经济学家们有了新的思路,认为应将以往的"二元"经济发展模式转变为包括社会在内的"三位一体"的经济发展模式,即环境、社会和经济相结合的经济发展模式。联合国开发计划署 2010 年发布报告指出,"绿色经济可以改善当前的环境问题"。2016 年,多个缔约方共同签署《巴黎协定》,从经济、生态和社会三个方面共同推动绿色经济发展。与此同时,中国学者也对绿色经济进行了深入的研究,试图探索一条更科学、更适合中国的绿色发展道路。例如,环境资源约束下的生态建设可持续发展路径是绿色发展(王玲玲、张艳国,2012),全面协调发展是绿色发展的基础(周少杰、胡鞍钢,2014)。

2.3.2 绿色创新实证研究

绿色经济理论的核心是保护生态环境,促进人与自然的和谐,实现经济和社会的高质量发展。绿色经济的发展受到多种因素的影响,鉴于我国当前的供给侧结构性改革、经济增长方式的转变以及高质量发展的需要,本书重点关注绿色经济发展的根本动力,即绿色创新。

2.3.2.1 绿色创新类别划分

本书认为绿色创新效率是绿色技术创新情况的反映。与创新效率不同,绿色创新效率强调"绿色",反映了在特定 R&D 经费投入下能够实现的绿色创新产出。这种绿色创新是基于环境绩效的创新实践。

自绿色经济概念提出以来,绿色创新一直是学者们研究的焦点。学者们将绿色创新定义为不破坏生态和环境保护的新过程、新技术、新产品和新系统(Kemp,Arundel,and Smith,1998),并将绿色创新效率称为环境创新效率、生态创新效率、可持续创新效率等。由于重视程度、范围和机制的不同,学者们从不同的角度对绿色创新效率进行了分类。Kemp 等(1997)从净化技术、污染控制技术、废物管理、清洁生产过程、回收技术和清洁产品等六个方面来衡量绿色创新的效率。董颖和石磊(2010)秉承绿色经济理念,将绿色创新效率概括为终端生态创新、生产过程创新、产品生态创新和系统生态创新的全过程,包括绿色设计、绿色生产、绿色营销、绿色标识、绿色认证等要素。经济合作与发展组织发布的《可持续制造与绿色创新报告》从目标、机制和影响角度分析了绿色创新的效率,并提出了绿色创新的分类。因此,绿色创新是基于不同程度的技术创新、组织创新和制度创新进行的,具有一般创新过程的普遍性。

2.3.2.2 绿色创新影响要素研究

绿色创新是绿色经济的根本保障,绿色创新效率的高低决定着绿色经济的发展。学者们对绿色创新效率的影响因素进行了研究。Brunnermeier 和 Cohen(2003)通过计量经济学方法建立经济模型,将绿色创新的影响因素逐一分解,发现增加污染控制投资会促进绿色创新,提高绿色创新效率。韩晶等(2014)采用 DEA 测度方法从创新产出、能源消耗和环境污染三个角度对绿色创新效率进行测度,验证了环境规制强度对绿色创新的影响,发现加强环境规制可以提高绿色创新效率。

2.3.2.3 绿色创新测度研究

绿色创新的测度和评价方法主要有两种:一是非参数法,二是参数方法。非参数方法主要是 DEA 方法,这种方法的优点是可以测量输出效率,不需要设置函数;缺点是忽略了随机误差和技术无效率,导致实际输出小于前沿输出,无法明确影响绿色创新效率的各种因素(白俊红等,2009)。参数方法主要是 SFA 方法。该方法基于技术无效率和随机扰动项,分析生产函数、技术无效率和随机因素对不同主体的影响,可以直接分析影响创新效率的各种因素,这在很大程度上弥补了 DEA 方法的不足,但缺点是多重输出的效率问题不能被直接解决。

基于可持续发展理念的绿色创新是包括绿色专利、技术创新、环境污染和能源消耗在内的多重创新产出。因此,为了利用随机前沿分析 SFA 方法来衡量绿色创新的效率,必须采用降维的思维方法,将绿色创新的产出指标由高维降维至低维。针对这一点,一些学者改进了 SFA 模型,并构造了投影寻踪模型,解决了无法测度的多个创新输出的问题,将高维数据投影到低维空间,实现高维数据的系统分析(金菊良等,2004);姚平等(2008)利用该模型系统地分析了人口、经济、环境等问题,取得了良好的效果。姚奕(2012)从环境规制、开放度、技术成熟度和政府投资四个方面衡量了中国区域创新效率,为绿色经济发展政策的制定提供了有力支持。

2.4 环境规制与绿色创新

当前,发展绿色经济、促进人与自然和谐已成为时代主题,探索既能满足环境保护需求又能促进经济增长的发展模式一直是各国学者关注的焦点,而政府环境规制激励下的绿色创新对于实现绿色发展和生态环境保护尤为重要。因此,研究政府环境规制与绿色创新的关系意义深远。

传统经济学观点认为,负外部性是环境污染的根源,发展过程中造成的环境污染没有成为生产主体的负担,即"市场失灵"。政府的环境规制使得负外部性内部化,虽然解决了市场失灵的问题,但增加了企业的负担,不利于企业的发展。然而,迈克尔•波特(1991)提出环境规制行为不会提高生产主体的成本,反而可以激发其绿色创新的潜力,提升其生产效率。随后,该观点在"波特假说"的基础上进一步完善,认为面对环境规制的要求,生产主体会改进生产技术,采用先进的生产设备,提高生产效率,抵消额外的规制成本,也就是所谓的"创新补偿"。围绕"波特假说"还有许多不同的观点。企业"理性人"假设提出,企业作为"理性经济人",会主动选择必要的技术创新,以降低企业成本,提高生产效率和竞争力。这一选择符合企业利益最大化的需要,不需要强制性的政策干预（Palmer et al.，1995）。研究"市场失灵"的学者认为，如果企业不进行技术创新，就会在污染密集型产品市场上获得更大的成本竞争优势。然而，如果企业选择技术创新，其污染成本将在一定程度上降低，但也将面临更严格的污染控制政策和技术溢出造成的"搭便车"行为。行为经济学的研究者认为，企业决策者的长期目标和短期动机决定了企业的发展方向，短期技术创新产生的成本，往往需要长期的"创新补偿"，这不符合企业当期利益最大化的诉求，为了规避风险，多数企业决策者只顾眼前利益，缺乏前瞻性思维。因此，在某种程度上，环境规制的强度可以迫使企业进行技术创新和提高研发支出，实现帕累托改进（于鹏 等，2020）。

关于"波特假说"提出的命题，研究者们在理论和实证方面做过大量工作。就环境规制对绿色创新的作用这方面而言，主要包括四个方面：一是消极作用，二是积极作用，三是非线性作用，四是不确定作用（梁劲锐，2019）。

2.4.1 环境规制对绿色创新的消极作用

环境规制会对生产和研发投资产生"挤出效应"，这种"挤出效应"不利于企业再生产的扩大（Lanoie，2008）。企业的额外成本会影响企业的短期发展，降低企业的生产效率，提高企业的"遵规成本"，最终抑制企业的技术创新（Gray and Shadbegian，2003）。这些观点否定了"波特假说"，认为"波特假说"中存在偶然因素，并不具有普遍性（Palmer，1995）。

Haveman 等（1981）通过估算环境规制对企业生产率的影响，研究了 20 世纪 70 年代美国的造纸、玻璃、化工和建材四个行业,发现环境规制对这四个制造业的人力和资本投入产生了负面影响。Chintrakarn(2008)追踪美国制造业创新专利和污染排放量相关数据,并检验了提出的假设,发现高强度的环境规制会增加企业的负担,降低企业的R&D 经费投入。Kemp 和 Pontoglio(2011)统计了在严格的环境规制政策影响下企业购买机械设备和人员培训的成本,发现环境规制力度增强确实增加了生产主体的负担,降低了企业的生产效率。Greenstone(2002)分析了美国空气质量和全要素生产率的有关数据,发现对空气质量的判定要求直接影响到企业的全要素生产率,且两者之间有明显的关系。Harrison(2015)从污染排放和企业生产效率两个方面实证分析了印度环境规制政策的影响。研究发现,印度的相关政策对生产主体的生产效率具有消极作用,且与污染物排放无显著相关性。国内学者也对上述问题进行了实证研究。例如,解垩(2008)基于 Malmqusit 测度指数,从不同视角测算我国省际工业企业面板数据,并利用固定效应模型,实证了环境法规对工业企业的技术创新会产生消极影响。徐彦坤和祁毓(2017)利用双重差分法,研究了环境规制产生的双重效应,其中对企业全要素生产率的净效应主要表现为负的技术创新效应。

2.4.2 环境规制对绿色创新的积极作用

传统观点认为政府环境规制抑制了技术创新,但也有研究表明政府环境规制对技术创新的影响不大,不会降低企业全要素生产率,甚至可以促进企业的技术创新,降低企业的遵规成本,即通过企业技术创新的效果来补偿企业的遵规成本,从而进一步提高企业的整体竞争力,这就是"波特假说"。波特通过研究德国和日本的环境规制政策,发现这两个国家的环境规制政策非常严格,不仅没有影响两国的技术创新,而且还使两国的技术创新和企业竞争力长期处于世界领先地位(Porter and Linde,1995)。Walley 和 Whitehead(1994)认为环境保护和经济发展不是对立的,而是相辅相成的;绿色创新可以提高企业的整体竞争力,为企业创造新的机遇。Managi 等(2009)提出,在工业时代,绿色创新是企业的生命线。Cole 等(2010)通过研究论证了观点,即环境规制是绿色创新的决定性因素,环境规制强度越大,绿色创新能力越强。

国外学者们对此做了大量的实证检验。Popp(2006)的实证研究结果是环境规制的创新效应包括即时性和滞后性两种效应。Robert 等(2006)通过利用美国制造业的污染物排放量和绿色创新专利数据,实证分析两者关系,发现加强环境规制能够促进绿色创新。Mickwitz 等(2008)以芬兰造纸业为例,验证能源消耗税和绿色技术创新的相关性,发现能源消耗税率越高,绿色创新专利的数量就越大。Jens(2008)利用面板数据模型,研究德国环境规制政策,发现绿色创新效果取决于环境规制强度。Iraldo 等(2011)分析了环境规制强度的相关替代变量,发现其对企业创新具有正向影响。Milani(2016)利用经济合作与发展组织国家的制造业部门的数据实证发现,产业迁移是技术创新的重要影响因素。产业迁移容易的企业缺乏技术创新动力,而产业迁移困难的企业只能通过提高自身的技术创新能力来弥补企业的额外成本,以应对日益强化的环境规制。技术溢出是绿色创新的决定性影响因素。对新技术的需求将加快技术溢出的速度,客观上,这种新技术的应用也是环境法规的结果(Popp,2006)。

我国学者也对上述观点进行了实证研究。黄德春和刘志彪(2006)

引入技术系数,构建数学模型,进行实证检验,发现企业的创新效率和环境规制强度呈正向作用关系。赵红(2008)运用我国省际工业的R&D经费支出和专利申请量,构建面板数据模型,进行实证研究,发现环境规制强度具有异质性,在不同地区表现不同,但总体上对绿色创新呈现正向作用关系。何立华和金汇(2010)利用增长理论分析环境因素限制下的经济发展和技术进步,研究表明,由于环境库兹涅茨曲线的拐点是技术创新,环境规制客观上会促进创新研发。黄平和胡日东(2010)提出技术更新的企业也可以完善环境规制政策。王国印和王动(2011)通过利用我国各个地区9年的面板数据,建立相关模型,实证检验了"波特假说"。白嘉等(2013)通过对我国工业企业R&D经费支出转换和转化效率环节进行研究,并探索了环境规制的积极影响,发现积极影响主要集中在绿色技术创新方面,且在不同的时间表现不同。张旭和王宇(2017)在构建实证模型过程中,应用了系统动力学,实证检验了环境规制正向效应,以及环境规制对绿色创新的具体影响。

2.4.3 环境规制对绿色创新的非线性作用

学者们研究发现,环境规制与绿色创新之间存在非线性关系。其中,张成等(2011)、沈能和刘凤朝(2012)、蒋伏心等(2013)认为环境规制和绿色创新之间呈先下降后上升的 U 形关系;刘金林和冉茂盛(2015)、李勃昕等(2013)研究发现环境规制和绿色创新之间具有倒 U 形的动态特征关系;邝嫦娥等(2019)提出环境规制和绿色创新之间呈显著的 V 形门槛变化关系;李斌等(2013)发现环境规制与企业技术创新之间存在倒 N 形关系;韩超和胡浩然(2015)、童健等(2016)研究污染密集型行业,发现环境规制和绿色创新之间表现出 J 形变化;蔡乌赶和周小亮(2017)研究发现,自愿协议型环境规制对绿色创新产生 U 形影响,市场导向型环境规制对绿色创新产生倒 U 形影响,命令控制型环境规制未对绿色创新产生显著影响。

张成等(2011)建立数理模型,实证检验测度环境规制强度的特征变量对绿色创新的影响。刘金林和冉茂盛(2015)基于我国省际工业行业 12 年面板数据,运用广义矩估计法,分析环境规制和不同行业技术创新的关系。李勃昕等(2013)运用 2004—2010 年我国工业企业数据,构建环境规制强度评级体系,分析研究我国环境规制强度和绿色研发创新效率的关系。邝嫦娥和路江林(2019)构建了面板门槛模型,实证研究环境规制和绿色创新的门槛特征关系。韩超和胡浩然(2015)采用准自然实验,对动态边际影响进行验证,发现环境规制中的清洁生产标准对全要素生产率产生 U 形效应,但其边际影响却表现为 J 形特征。蒋伏心等(2013)利用省际面板数据和行业面板数据,建立了相关的数学模型,研究了环境规制和绿色创新的 U 形作用关系。邓小华和陈慧华(2019)运用我国制造业 27 个行业 2008—2015 年的面板数据,构建计量模型进行实证研究,发现环境规制和绿色技术创新呈 U 形作用关系。

2.4.4 环境规制对绿色创新的不确定作用

国内外经济学者们研究发现,环境规制和绿色创新之间的关系存在不确定性。Alpay(2002)、江珂(2009)、卢现祥(2011)、童伟伟和张建民(2012)、曾义等(2016)、肖丁丁和田文华(2017)等研究发现环境规制对绿色创新的影响具有空间异质性。Jaffe 和 Palmer(1997)、Rubashkina 等(2015)等提出企业的创新效应受相关替代指标和变量的异质性的影响。魏楚等(2015)、张平等(2016)认为代理变量的性质会影响企业技术创新的效果。

Alpay(2002)以制造业的生产率为例,比较墨西哥和美国制造业的全要素生产率,发现墨西哥的环境规制政策促进了墨西哥企业的生产效率提升,而美国的环境规制政策没有任何影响。Jaffe 和 Palmer(1997)以美国制造业的专利批准数量和研发支出作为创新产出的替代指标,发现当以美国制造业的专利批准数量作为替代指标时,环境规制对制造业技术创新具有显著的正向影响,而以研发支出作为创新产出的替代指标时,环境规制对制造业技术创新没有显著影响。Rubashkina 等(2015)对欧洲国家制造业进行了系统研究,发现欧洲国家环境规制替代指标的变化会对其生产率和技术创新产生相应的影响;当以减排成本作为环境规制的替代指标时,会促进企业的技术创新,但不会影响产业生产率。

我国学者对上述观点进行大量实证研究。江珂(2009)从中国区域视角研究了不同区域环境规制与技术创新的关系,发现东北、中西部地区环境规制对技术创新的促进作用不显著,而东部地区的环境规制对技术创新具有明显的正向作用。童伟伟和张建民(2012)通过建立相关 tobit 模型,研究了环境规制对技术创新支出的影响,发现在中西部地区这种影响不显著,而在东北地区这种影响显著。魏楚等(2015)实证发现,企业支出性质是影响其技术创新的关键因素;企业减少污染物排放的支出分为费用支出和资本支出,资本支出对企业技术创新没有显著影响,费用支出则对企业技术创新表现出显著的正向影响。张平等

（2016）细化了环境规制引起的支出，将其分为费用型和投资型两类。其中，投资型支出可以促进企业的技术创新，而费用型支出增加了企业的额外成本，对企业的技术创新会产生负面影响。肖丁丁和田文华（2017）利用分解和回归分位数的方法，研究了我国不同区域环境规制对绿色创新影响的异质性。卢现祥（2011）认为，环境规制和绿色创新之间存在门槛效应，这种门槛效应主要表现在人力资本方面，其在我国东部和中部显著性强，而在我国西部几乎没有显著性。曾义等（2016）基于地理位置的异质性，研究了环境规制影响下的企业创新效率，发现偏远地区的环境规制会抑制企业技术创新，发达地区的环境规制会激励企业技术创新。

还有少数学者从理论和实证方面研究发现，环境规制和技术创新之间不存在作用关系。但该观点不具有代表性，也不是本书研究的重点，对此本书不再赘述。

2.5　文献评价及启示

对现有研究成果梳理后发现，学界对于本书涉及的相关主题的研究深度不断加强，基本实现了理论与实证研究同步发展，而且已然形成了独特的理论体系。但从国内学者的研究来看，仍然落后于发达国家学者的研究，主要问题及对本书写作的启示包括以下方面。

（1）已有研究在不同样本下分析了环境规制对绿色创新的影响，并且得出了"促进论"、"抑制论"和"非线性论"三类结论。但是，对环境规制同时存在遵规成本效应和创新补充效应的正、反两方面的交叉作用缺乏综合考量。

（2）现有研究文献对环境规制的测度较为单一，并且关于不同类型环境规制对绿色创新影响的研究比较少。实际上，环境规制的异质性会导致影响程度不一样，也会导致中介机制和调节机制存在差异。故而，本书将环境规制进行分类，从而检验不同机制的作用。同时，还从地区异质性角度分析了环境规制对绿色创新的影响。

（3）现有关于环境规制对绿色创新影响的研究的角度较为单一，缺乏全面性。本书在分析过程中，从宏观层面考虑双向 FDI 的作用，从中观层面考虑产业升级和产业转移的作用机制，在微观层面将政府的创新投入作为中介机制进行研究。

3 理论基础

3.1 市场失灵理论

在实际经济运行过程中,会出现市场无法解决的问题,即"市场失灵"。其实,市场失灵并非是由某一方面的因素造成的,而是多种因素共同作用形成的经济现象,其中最主要的影响因素包括外部因素、公共用品、理性的有限性、信息资源的失衡、不明确的产权等。传统的市场失灵理论就资源配置问题对市场机制提出质疑,认为无法单独靠市场自动对资源配置进行有效调节,要解决市场失灵的问题,就必须依赖政府的强制性干预。政府要积极发挥在市场经济中的调控作用,要充分利用政府资源来制定一套合适的、可行的政策,争取尽快实现资源的重新配置。尽管目前国家的相关政策尚未构成一个相对完整的结构体系,但对于市场失灵现象的调控仍有一定的积极作用。

在传统的市场失灵理论中,对于外部性问题已经给予了比较全面的分析,但这并不意味着完全不存在问题——全面分析的背后依然隐藏着许多"隐患",这些"隐患"随时有可能造成市场失灵现象。其中,最突出、最具有争议性的问题就是在针对外部性进行相关分析时,将其放置于与其他市场失灵现象完全同等的地位上。尽管在经济学领域已经有很多专家学者关注到了这一问题,但这个问题一直以来并未得到妥善解决。直到庇古的外部性理论提出,学者们才对外部性进行了系统的研究。

实际上,外部性是各种市场失灵现象中更为根本的东西,无论是公共产品、垄断还是不完全信息,都与外部性问题密切相关。事实上,本书研究的环境问题就是一个外部性问题,因此,本书基于外部性视角,对市场失灵问题进行综合研究。因此,下面将以外部性理论为基础,来分析公共产品、垄断和信息不对称等市场失灵问题,以便尽可能将它们统一于外部性分析框架之中。

3.1.1 市场失灵理论的发展

从古典经济学的鼻祖亚当·斯密开始,直到马歇尔时代,主流经济学家们都极力推崇市场经济那只"看不见的手",肯定了市场的优越性。他们认为市场机制是解决所有问题的终极手段,否认政府在经济活动中的作用;认为政府和市场应沿着各自的运行轨迹,彼此独立,不存在强制性干涉。事实上,随着经济社会的发展,环境污染、资源破坏以及生态失衡等外部性问题日益凸显,已经成为制约人类社会可持续发展的关键因素。对此,经济学家们开始反思,重新审视市场经济理论。

最早认识到外部性问题的是亨利·西奇威克,他在《政治经济学原理》一书中,对市场机制在劳动报酬方面的作用提出质疑,认为公共物品的性质决定了其所有权不属于建造者或有意购买者。1890 年,马歇尔在《经济学原理》一书中首次提出了外部性概念；在研究生产要素的工业组织过程中，区分了内、外部经济，明确阐述了推动内部经济的核心要素，主要包括企业的管理、资源、生产效率以及引致的规模效应；认为外部经济的影响因素，主要体现在信息对称性、技术溢出、市场扩大等方面。20世纪20年代，英国经济学家庇古，在《福利经济学》一书中，以外部性为研究重点，根据社会、私人边际成本、边际社会和私人净产值的理论分析工具，从社会福利的角度系统研究整个社会的外部性。米德论述了外部性问题，认为市场的内部性交易会造成客观存在的外部性影响，并且这种影响是可以被察觉的，然而，在完全竞争的条件下，因为每一次交易只能造成边际上的变化，再加上边际成本等于交易价格，所以主观上外部不经济情况不会被察觉。其他学者在系统总结外部性理论的基础上，对外部性问题进行重新定义，认为某市场主体的生产效率中，存在某一个变量取决于其他市场主体的情况，而决策主体的行为客观上造成其他主体的生产效率下降，且并未补偿利益受损的一方，这样就会出现外部性问题。综上所述，外部性问题一般被认为是与完全竞争相对的所有问题的总和，是市场失灵的主要组成部分。也就是说，外部性与完全竞争市场假设是不相容的，属于市场失灵的范畴。

3.1.2 市场失灵与外部性

传统的市场失灵理论认为，垄断、公共产品和信息不对称是导致市场失灵的主要因素，然而，究其根源，他们都与外部性密切相关。本书基于外部性理论，从垄断、信息不对称、公共产品三个方面探究市场失灵的问题。

第一，垄断与外部性。垄断就是对市场拥有绝对的控制权，支配市场的价格，通过定价权获取更大的经济利益。然而，对于竞争者来说，这意味着要付出更高的成本、获得更低的经济效益；消费者也不例外，虽然消费者行为是自由选择的结果，但垄断者通过质量、技术和品牌的垄断早已改变了消费者的偏好。因此，垄断利润有明显的外部性，换句话说，消费者和竞争厂商所遭受的损失可以被视为外部成本。然而，垄断也可以在一定程度上消除外部性。完全竞争市场中的商品具有同质性和可替代性。在利益的驱动下，不法生产者向市场提供低成本、高产量的劣质产品，这就意味着消费者的利益会受到损害，从而产生一定的外部成本。但是政府的宏观调控手段并不能很好地解决这一外部性问题，因此需要发挥垄断的作用。垄断商品具有较好的质量和品牌属性，消费者通过选择垄断品牌可以大大降低外部性成本。

第二，信息不对称与外部性。市场交易双方一方面拥有共同的信息，另一方面也存在信息的不对称性，这种不对称性会导致信息缺失的一方利益受损，并产生内生交易成本。比如，交易双方中的一方在完全不知情的情况下，接受另一方带有伤害性的交易行为，结果给对方造成外部性成本。因此，在很大程度上，信息不对称会引发外部性问题。

第三，公共产品与外部性。根据公共产品的非排他性和非竞争性，可将其划分为纯公共产品和准公共产品。纯公共产品同时满足非排他性和非竞争性，例如新鲜的空气、干净的环境等，准公共产品仅满足非排他性或非竞争性的其中一种，例如石油、煤炭、淡水、森林、图书馆等。准公共物品在被消费的过程中存在一个"临界点"，如果没有越过临界点，就不存在外部成本，或者可以忽略不计，如果超过临界点，产生的外部成本就很明显了。例如资源和环境，由于资源和环境属于准公共物品,具有非排他性,当使用者对资源和环境的消费处在其可承受的范围内,这种消费行为就不会产生外部性成本,即使有外部性成本问题,也可以通过环境和资源的自我调节消除,但如果使用者过多,消费行为过于集中,超出了资源和环境的可承受范围,就会增加使用者的边际成本,出现严重的外部性问题。同样,纯公共产品也具有外部性。例如,干净的空气对每个使用者都很重要,但其产权模糊且难以界定,具有很强的排他性,对于空气的单个消费者来说,无法决定空气质量的好坏,一旦出现空气污染,就会损害消费者的利益,产生外部性成本。因此,不论是纯公共产品,还是准公共产品,都存在明显的外部性。

"市场失灵"反映了在经济运行过程中遇到的外部性问题,通过研究,可以对我国经济模式有更深刻的认识。

3.2　波特假说

随着经济的发展,环境问题日益成为学界关注的焦点。早期的新古典经济流派提出环境问题是一个外部性问题,但要用政府干涉的方式解决这个外部性问题,代价很大,因为政府的环境管制会在短期内加重企业的负担,降低企业生产效率,挤占企业原本用于生产的有效资源,不利于企业的扩大再生产和技术创新,最终会抑制企业的发展。然而,波特等却持反对观点,提出"波特假说",即认为合理的环境规制政策能够对企业技术创新起到"倒逼效应",企业为适应环保政策,会加强绿色技术创新,提升竞争力,从而抵消环境规制带来的成本的负面影响,产生所谓的"创新补偿效应"。虽然环境规制在短期内会影响企业的发展,但长期的绩效是令人满意的,强制性的环境规制可以提高企业的创新能力和生产效率,确保企业能够获得足够的信息,及时地在技术溢出的影响下,不断地进行技术创新,增强自身的竞争力,补偿规制政策带来的企业成本。

3.2.1 波特假说的相关理论

综合来看,波特假说的主要内容可以概括为以下四个方面。

3.2.1.1 提升环境保护和竞争力实现互利共赢

波特经过大量研究之后提出一个观点:加强环境保护力度并不一定会阻碍经济增长,政府制定的环境政策并不会阻碍企业各方面竞争力的提升。

传统经济学在静态分析的基础上提出一个假设,即如果一个企业能够在生产技术、研发产品、制作工艺和市场需求等相关因素都不发生变化的情况下将成本降到最低,那么,额外的环境投入一定会导致总生产成本大幅上升。但是,世界是不断发展的。传统经济学基于静态分析所得出的结论已经不能够适应当前的国际发展环境,不能够满足当今世界的经济发展需求。

如今,在经济全球化的背景下,竞争力的提升模式已经发展成为一种动态的创新驱动模式。近年来,一些新的研究表明,在企业生产所需的总成本中,环境成本所占的比例很小,对企业竞争力提升所产生的负面影响可以说是微乎其微的。

另外,波特在其研究成果中特别提到了,健全的环境法规体系能够使企业意识到资源利用的低效率,从而提高生产技术的发展速度。这意味着,持续不断的创新和逐步提高效率往往比盲目地降低生产成本更加具有竞争优势。比如,放眼全球,德国和日本这两个国家在环境保护方面的标准更严格,环境治理体系更完善,是世界上先进环境技术研发与应用的领航者。而且,良好的环境规制不仅没有给他们的企业带来负面影响,降低其国际竞争力,反而使其在有效保护环境、合理利用资源的同时,促进了经济的发展。

3.2.1.2 关注环境政策在创新和效率提升基础上产生的动态影响

波特假说的创新点在于,站在动态的角度去分析环境政策与企业竞争力提升、经济水平稳定增长之间的关系。这是与传统经济学观点最大的区别。并且,波特假说也指出,在新古典经济学中对于企业竞争力的静态假设是片面的,没有考虑到企业在努力提升自身竞争力的发展过程中也会受到其他因素的影响,所以得出的结论是缺乏客观性和全面性的。

实际上,企业所处的外部环境随时都可能发生变化,企业成长的每一个阶段也都会受到外部环境不同程度的影响。随着企业生产力、研发水平和投入组合持续不断的提高和优化,竞争力逐渐成为一个动态的概念。若想要在市场竞争中占据优势,企业就必须重视技术研发,创新生产模式,提高生产效率。同样地,判断环境规制是否有效不仅仅要评价或考量其在实施过程中产生的影响,更需要关注落实之后的最终结果。这也从另一个方面体现出从动态的角度分析良好的环境规制对于企业创新和效率提升产生的影响的必要性。

值得一提的是,尽管目前各国出台的针对环境保护的政策日益完善,但依然会有个别企业"钻空子"——为了能够在短期内达到国家要求的环保标准,加速污染防治的进度,采用购买污染控制设备的手段来增加环保成本,久而久之,必将致使企业的综合竞争力下降。另外,即便是在今天经济全球化的背景下,由于管理方式、文化理念不同,各国的环保标准也大相径庭。因此,在国际市场上,污染严重的行业,比如制造业、煤炭行业等极有可能因短期成本发生变化而失去竞争优势,对行业内企业发展造成一定的阻碍。不过,困难只是暂时的,对企业所要实现的长远目标而言,可以通过内部的持续创新和提升效率来弥补前期过高的成本导致的负面影响。与此同时,企业也应该积极树立绿色生产、绿色消费的经营理念,寻找可以长期发展的竞争优势,获取更大的发展潜力。波特在其研究中提到,环保法规的有效实施在某种程度上可以刺激企业积极进行技术的改进和创新,既能节省原材料,减少能源消耗、污染物排放,又能提高产品质量,实现环保与竞争力的共存。

3.2.1.3 政府是提高企业绿色创新能力的关键主体

早期西方经济学认为利润最大化是指企业的主要行为目标。从长期发展而言,具有商业信誉、社会责任的企业,其利润才会实现最大化。传统经济学认为,在企业达到利润最大化的目标时,暂时不需要政府的监管政策来刺激自身的发展。然而,波特在其假设中提出了不一样的看法。他认为,企业发展进入瓶颈期时,需要通过提高生产成本、加强技术研发等手段来提升自身竞争力,然而大量的资金投入是否能够得到理想回报的不确定性,以及在敏感阶段所产生的悲观情绪都很容易使企业忽视一些潜在收益。并且,在瞬息万变的现代社会,先进科技快速发展,这虽然给予企业更多的创新空间,但不完善的信息体系和低效的公司治理会阻碍最佳决策的制定。因此,要想切实有效地激励企业的绿色创新行为,有且只有一个方法——加强政府的环境监管。

首先,政府作为提高企业绿色创新能力的关键主体,为了帮助企业在市场中寻找潜在的发展空间和机会,陆续出台了各类环境政策,积极宣传环境保护的重要性,帮助企业树立环境保护的理念,鼓励企业加强对环境保护方面的投资力度。例如,美国的 3M 公司是全球性的多元化科技企业,成立于 1902 年,旗下产品涵盖家庭用品、医疗用品等。波特调查研究后发现,3M 公司自 1995 年起就制定了有关污染防治的方案,并切实应用于企业日常经营中,该方案为其节省了 4.8 亿美元的生产成本;3M 公司还通过减少 50 万吨废物排放量节省了 6.5 亿美元的能源使用费。又例如,杜邦公司按照美国当地政府出台的相关环境政策要求,实施了对臭氧损耗物氯氟烃进行分阶段处理的计划,并由此开发了一系列低臭氧损耗产品。这一计划使杜邦公司一举成名,获得了巨大的国际市场竞争力,也使其成为氯氟烃替代技术的领航者。

其次,各类环境政策的出台和实施,一方面可以保证政策与制度环境的稳定性,另一方面可以帮助企业站在宏观的角度对其创新活动和效率的提升做出预判,从而有效降低环境技术研发的不确定性。除此之外,政府还为企业的绿色创新提供制度保障,可以有效降低企业进行环保投资的风险。

最后,有效的环境政策对企业来说是一种竞争优势。党的十八大以来,习近平总书记反复强调生态文明建设和绿色发展的重要性。为了响应国家号召,低污染、低能耗的绿色产品越来越受到消费者的喜爱,具有很好的市场前景,因此,众多生产企业为了抓住商机,积极引进先进研发技术,加大绿色创新的力度,持续开辟新市场。波特发现,如果某一个国家能够在国际环保趋势的基础上率先制定合理的、有效的、可行的环境规制政策,那么理所应当地,该国企业一定会获得较大的竞争优势。值得一提的是,环境政策作为一种外界的刺激因素和信号也具备能够改善传统竞争环境的功能。由此可见,只要政府能够制定出严格的环境规制,并善于灵活使用市场手段和信息手段,就能够对促进企业发展发挥关键作用,帮助企业找寻潜在商机,采取针对性措施,从而实现利润最大化。

3.2.1.4 完善的环境政策体系推动绿色创新

波特在其假设中提到,设置标准较低、体系不够完善的环境政策对刺激企业绿色创新发展毫无作用,甚至在多数情况下还会使企业增加额外的生产成本。因此,波特建议各类企业能够以国家政策为导向,结合自身实际情况,制定出合理的、切实可行的、体系完备的环境管理制度,高标准严要求地去实施,这能够在很大程度上刺激企业的绿色创新行为。因此,波特和范德林德提出了评估特定环境政策适当性和合理性的参考要素,其中包括开发企业技术研发的潜力、通过信息披露手段提高企业治理污染的效率、提高政策的可行性、减少技术开发的风险、激励企业进行绿色创新等。对于企业的长期发展而言,绿色创新产生的抵消效应能够持续不断地降低净成本,增加净利润。

3.2.2 弱、强波特假说

波特假说经过长时间的演化,主要形成了"弱波特假说"和"强波特假说"两类观点。20世纪90年代,学者们在波特假说的基础上,进一步提出"弱波特假说",强调环境规制政策的适度性和合理性,认为恰当的环境规制政策可以激发企业创新的主动性。具体理论观点为:基于恰当的环境规制政策,运用激励和引导手段,发掘企业的潜力,促进企业绿色创新。部分学者持该观点,如Jan(2018)认为在环境规制政策允许的期限内,几乎所有企业都竞相创新,提高自身的竞争优势,以免被淘汰。Cole等(2010)也通过研究论证了上述观点,且通过大量的分析、检验和论证,发现"弱波特假说"主要体现在以下五个方面:一是合理的环境规制政策能够正确引导企业创新发展,降低企业创新发展的机会成本;二是科学的环境规制政策会降低企业的创新成本,提高企业的经济效益;三是正确的环境规制政策可以让企业扩大技术创新边界,提高生产效率;四是恰当的环境规制政策可以适度增加企业技术创新的压力,提高企业的技术创新能力;五是严格的环境规制政策规范了企业的竞争环境,明确了企业的竞争方向和目标,有利于企业的创新发展。因此,要从源头上解决生态环境问题,最根本的做法就是绿色创新,不仅包括绿色技术创新,还包括制度创新等的广泛创新活动。

"强波特假说"是"弱波特假说"的进一步发展和演变,同时也是对其实证检验的结果。"强波特假说"重视政府在环境规制中的作用,认为创新可以补偿其他额外的成本,是企业生存发展的根本动力。20世纪90年代,Jaffe和Plamer首次对强波特假说进行论述,提出环境规制政策影响下的绿色技术创新具有"创新补偿"和"先动优势"两方面效应。其中:创新补偿是指在环境规制影响下的企业全要素生产率的提高,会降低企业的生产成本,提升资源利用效率,补偿企业用于技术创新的投入,增加企业的整体效益;先动优势是指通过环境规制政策的引导,提升公民的环保意识,增强公民对生态环保型产品的需求,如果企业能率先进行绿色技术创新,提供环境友好型产品,就能在市场竞争中获得优势。关于"强波特假说",国内外学者进行了大量的相关论述。黄德春和刘志彪(2006)、何立华和金江(2010)以及王国印和王动(2011)等建立相关模型,实证检验了"强波特假说"。Jens(2008)、Iraldo等(2011)等研究证明了环境规制强度会决定企业的绿色创新力,其强度越大作用越显著。各国学者们的研究也不断深入,在"强波特假说"的基础上,对规制工具进行分类,并研究了各种规制工具的作用效果,指出:命令型的环境规制具有强制性和直接性,对经济主体反应迅速,但方法简单,缺乏柔韧性;市场型的环境规制具有较强的灵活性且方法多样,增加了企业的自主性,优化了资源配置,激发了企业的创新潜力;社会参与型的环境规制弥补了前两种规制手段的不足,具有自愿性、多元性、创新性等特点。

3.2.3 反波特假说

针对波特假说的研究,大量学者采用了不同的方法,并从不同的角度进行实证,其中,新古典经济学派认为多数情况下存在"反波特假说"的情况,因为波特假说的实现需要非常严格的相关条件,不具有普遍性。其他学者也对波特假说提出不同的看法,他们认为环境规制会使企业的生产成本上升,从而压缩企业的利润空间,并对企业绿色技术创新投资产生"挤出效应"。部分学者的实证研究结论不支持波特假说,例如:Zhao等(2016)的研究表明环境规制会对企业竞争力产生负作用;Conrad和Wastl(1995)、Gray和Shadbegian(2003)的研究表明环境规制会明显增加资源密集型行业或产业的成本压力；Popp 等（2009）的研究发现环境规制会导致企业产生"遵规成本"，压缩企业利润空间，不能促进企业研发活动的开展。

通过实证研究，还有学者发现波特假说存在不确定性。例如：Conrad 和 Wastl（1995）研究发现，环境政策对生产效率存在不稳的正负效应。Lanoie 等（2001）实证表明，环境规制在不同周期对行业产能表现出正、负两方面效果。Alpay 等（2002）通过数据对比分析，发现同样的环境规制政策在不同国家的作用效果不同。我国学界也从行业、周期、地域等方面，对环境规制的作用进行研究。沈能和刘凤朝（2012）对比分析我国东部和西部地区，发现就环境规制对技术创新方面的影响而言，东部比西部显著。李斌等（2013）基于对不同行业的分类，发现在不同行业结构中环境规制的作用表现出异质性。张倩（2015）研究了不同地域的特征，发现规制政策的作用效果会受其工具异质性的影响。丰超等（2017）分析了不同时期的发展方式，提出环境规制对创新会产生促进和抑制两种效果。

尽管很多学者对波特假说做了各种研究，但主要集中于探讨环境规制和技术创新的关系层面，没有深入分析其内在逻辑，也没有进行引申性研究。本书将深入分析环境规制和绿色创新的作用机制，进一步研究环境规制影响下的绿色创新在效应方面的体现。

3.3　新制度主义理论

任何形式的经济活动都要在法律允许的范围内、制度的约束下开展。然而,传统的经济增长模型把制度因素看作已知或者未知的外部影响变量,并试图用影响变量和生产率的变化来解释经济增长。直到20世纪70年代和80年代,环境制度因素在企业经营活动中的影响越来越大,特别是在经济发展和组织绩效中的积极作用日益提高,引起了社会各界的广泛重视。此后,新制度经济学成为经济学研究的一个分支。

制度即规程,是指一个社会组织或团体要求其成员共同遵守并按一定程序办事的规程。从社会科学的角度来理解,制度泛指一种以规则或运作模式规范个体行动的社会结构。这些规则蕴含着社会的价值,其运行代表一个社会的秩序。站在经济学的角度看,制度也可以看作是支撑经济有序发展的各种社会组织结构和经济运行机制。不论任何领域,制度的存在都有着不可替代的重要意义。依靠规章制度的实施,有理有据、公平公正地约束个体或团体行为,从而保证信息的有效获取,降低市场交易成本,实现资源的合理分配和高效利用。

新制度主义理论是建立于传统政治学基础上的理论,在长期的发展和演变过程中,吸收了行为政治学的核心思想,形成一种多视角、系统性的个体与制度的互动关系。新制度主义理论的诞生,最早可以追溯到20世纪70年代,是由美国著名的经济学家道格拉斯·诺斯等率先提出的。诺斯认为制度研究应该把重点放在博弈规则上。他对制度概念的界定,是一次重要突破,促成了新制度学派的制度研究沿着微观过程的制度演化、变迁、安排乃至创新设计的思路进行。之后,速水佑次郎、拉坦和林毅夫均在诺斯的基础上提出了自己对制度概念界定的看法。通过研究,他们发现制度及其变迁会对生态环境和长期经济增长产生影响。因此,本书根据现实需要,梳理新制度主义的理论体系,探究政府环境规制的科学依据,进而建立新制度主义的分析方法和研究模式。

3.3.1 制度理论

制度的理论、思想以及框架体系是新制度主义理论的核心内容。制度就是给社会个体提供的行为规范,这种规范具有持久性和稳定性,主要包含社会要素、文化要素、组织要素和道德要素等(Scott,1995)。尽管制度在不同的阶段和环境中表现出异质性,但其核心还是在探讨组织个体和制度的作用关系。鉴于制度是一种正式的或者非正式的约束标准,社会行为主体和组织时常为实现效益最大化,背离设定的价值目标,违反制度规定的基本准则。例如企业为实现自身利益最大化,过度开发环境资源,给生态环境带来无法估量的破坏,违背了环境政策的初衷。究其原因,主要是制度约束缺乏有效性,为了强化制度对行为主体和社会组织的规范,学者们从三个方面进行研究:一是强制性规范,由于社会各种资源的紧缺性,每个社会组织和个体都会参与竞争,并产生争夺资源的压力,其目的和动机就成为调配压力的关键;二是参考性规范,社会主体的行为抉择会受到同类型主体的影响,在没有明确目标的情况下,通过拷贝其他组织和个体的行为规范,可以达到预期的约束效应;三是共识性规范,制度能够确立和执行,是实践的结果,社会组织和个体经过长期的探索和试错,对事物的属性和发展产生了基本的共识,而这种共识反映到制度上就是达成的准则和规范。事实上,企业作为社会主体并不是只受规制政策规范,也会反过来塑造规制政策。因此,从社会主体和规制政策的相互作用角度进行研究,具有科学性和合理性。

3.3.2 制度变迁理论

制度变迁的最根本原因在于经济主体为降低交易成本、实现经济和社会福利最大化而付出努力。诺斯认为,当社会现有制度已经无法满足企业需要,某些潜在利益无法得到实现时,新的制度便会应运而生。由此可见,制度变迁是推动社会发展的关键力量,同时也是促进社会进步的必要因素。

诺斯强调经济增长不是造成产业革命的原因,而是制度变迁的结果。舒尔茨和林毅夫则从制度供需层面解释了动态增长过程中的制度变迁。制度被视为有用服务的提供者,制度选择和制度变迁可以用"供给—需求"分析框架来解释。制度变迁可以分为强制性变迁和诱致性变迁两种:强制性变迁是政府以制度供给者的身份,通过法律、法规、政策等工具实施制度供给,并主导制度变迁的基本路向和准则,表现为设置制度进入壁垒,限制微观主体的经济活动或有选择地放宽准入条件,促使诱致性制度变迁的发生,以提高其制度化水平;诱致性制度变迁则是由社会组织或个人在响应潜在利益机会时自发倡导组织的。由此可见环境规制的出台属于强制性变迁,是对国家强制权的运用,为环境保护和经济有序增长、发展提供一定的活动依据。

制度变迁是一种更优质、更高效的制度变革,不具体指存在于制度上的某一方面变化。社会主体是制度变迁主要的动力源泉。当一种制度被确立时,社会主体起初会选择适应和遵守制度,但随着自身的发展和环境的变化,先前的制度已经无法满足当前的需求,此时,社会主体就开始寻求制度的创新和变革,直到新制度的供给和需求达到均衡为止,因而制度的变革总是由非均衡引起的。《制度变迁与美国的经济增长》一书中对制度变迁的路径进行了总体的概述,该书将制度供给和需求设定在市场的范畴去研究,并将其类比为商品市场。制度市场的供给者和需求者是可以相互转化的,当边际收益等于边际成本时,就达到所谓的"均衡",这种"均衡"是基于制度供求双方的效应最大化,没有一方愿意打破这种平衡。然而,事物不是一成不变的,如果其中一方对制度的预期发生变化,认为当前制度带来的收益或成本小于预期,就会激发他们对制度的改变,进而达到新的平衡。诺斯等在制度"均衡"的基础上,继续研究了引发制度变迁的其他因素,诸如经济发展、知识进步以及社会科学发展等,并发现,不论何种因素,都是通过"平衡—非平衡—再平衡"的演化路径诱发制度变迁。

3.3.3 政府环境制度的变迁

在经济发展过程中,中国的环境问题日益凸显,限制了经济高质量发展,而政府出台的环境制度是解决生态环境问题的关键。强制的环境制度可以有效约束市场主体,规范市场行为,防止环境资源的过度开发。同时,市场主体的利益诉求也会影响环境制度的修订,随着市场主体的发展和外部环境的变化,市场主体对环境制度产生了新的需求。因此,市场主体和环境制度存在一种相互推动的作用关系。当环境制度和市场主体达到平衡时,既符合制度的要求,也不会损害市场主体的利益,市场主体可以接受这种环境制度。然而,随着时间的推移,外部环境发生了改变,市场主体发现当前的环境制度不能满足其发展的需要,甚至还损害了其利益,此时,市场主体就会要求改变环境制度,形成

环境制度和市场主体的新平衡。改革开放以来,中国的环境规制遵循
"平衡—非平衡—再平衡"的发展路径,大致可以分为四个阶段:一是环
境规制的建立阶段,初步确立环境规制的基本框架和总体方向,推动市
场经济的发展;二是环境规制的发展阶段,在这个阶段,环境规制政策
存在相互冲突和不合理的问题,甚至部分政策缺乏实践性,加之环境监
管职能重叠,不符合市场主体的发展需要,因此,需要发展环境规制政
策,完善环境规制体系;三是环境规制调整阶段,为适应可持续发展的
需要,开始注重用环境制度平衡市场经济和生态环境的关系;四是环境
规制深化阶段,以生态文明建设为指导思想,明确环境规制的政策目标
和发展方向,重视绿色发展,改善环境质量,完善环境制度,促进环境规
制不断深化。

3.4　绿色技术进步理论

　　新古典经济学学派用技术进步来衡量技术对生产发展的贡献。其
中,技术进步主要包括管理、技术、知识等无形要素的进步,不包括资
本、人力、土地等具体生产要素的进步。20 世纪 50 年代,索洛等提出,
在规模收益不变的条件下,生产的发展和效益的增加来自以技术进步
为核心的全要素生产率。20 世纪 60 年代,技术进步开始被视为衡量长
期经济增长的主要指标,"技术进步率"这一概念形成。

3.4.1 绿色技术进步理论的研究

近年来,生态环境问题日益成为制约经济发展的重要因素。长期以来,国内外学者都围绕全要素生产率展开研究,分析各种有形和无形的生产要素,其目的是提高生产率,促进经济增长。但是,能源、生态等环境因素并没有被纳入研究体系,环境因素在生产效率和经济增长中的作用也没有被考虑。例如,王兵和刘先天(2015)认为环境问题已经成为经济增长的内生性变量,如果没有被很好地解决,将会长期影响经济的发展。Hailu 等(2000)提出,企业生产给环境带来的不利影响,将会影响企业生产效率的最终核算:一方面,在环境法规的压力下,企业不得不承担污染控制的成本;另一方面,将环境因素作为生产核算的一种投入要素。因此,必须把与生态环境有关的因素结合起来。只有提升绿色全要素生产率,才对经济的可持续发展有意义。因而,可以在传统全要素生产率的基础上,关注环境污染和能源消耗对经济发展的影响,构建绿色全要素生产率测度体系。国内学者在绿色全要素生产率理念的基础上提出了"绿色技术进步率"的概念。其中,董直庆和王辉(2019)、陈超凡(2016)等利用测度全要素生产率的方法,对企业绿色技术进步进行了测算。

3.4.2 绿色技术进步的测算

根据索洛增长理论,技术进步率是指经济增长中除土地、劳动力、资本等生产要素外的纯技术进步和技术效率,这也是索洛剩余。早期,学者们采用索洛余值法测算技术进步率,但该方法难以区分技术进步和技术效率对经济增长的贡献,现实中也无法实现其假设。因此,目前几乎没有学者继续使用这种方法。20 世纪 90 年代,多数学者利用Malmquist-Luenberger 指数法代替索洛余值法。该方法主要是以方向距离函数为基础建立相关模型,一方面可以根据产出的结果不同,区分出好的产出和坏的产出,另一方面也可以按照研究需要,自主定义决策单元的投影方向。Kumar(2006)基于该方法,对比分析了绿色全要素生产率和传统的全要素生产率区别,发现其分解项具有显著的差异。Chung 等(1997)将瑞典造纸业的污染排放量纳入效率核算体系,利用该方法,获得了瑞典造纸业绿色技术进步率。陈超凡(2016)通过对工业部门的研究,结合该方法,区分预期产出和非预期产出,得到反映绿色发展理念的生产效率。岳立和李文波(2017)也分别以正负产出效率模型测度绿色技术进步率,并开展各种研究。未考虑负产出的技术效率核算是不合理的,也是不准确的,需要基于负的产出,对技术效率进行重新核算,这样才能获得真实的绿色技术进步情况。在考量经济产出时,不仅要关注经济效益,更要重视环境效益。

为区分技术进步和技术效率的作用,学者们采用基于 DEA 模型的Malmquist 指数法,即数据包络分析法。例如,Thomas 等(2011)通过该方法测算了美国各州的绿色技术创新效率;Chen 等(2014)研究了不同行业的环境问题,并基于该方法,核算了不同部门的绿色技术进步率。董敏杰等(2011)分析了各行业关于产能方面的统计数据,并采用数据包络分析法,核算了其利用效率。石旻等(2016)也运用数据包络分析法,测算了我国部分地区和行业的绿色技术进步率和绿色创新效率。

　　绿色技术进步率是衡量宏观经济的重要指标,其相关理论和测量方法对我国经济实践具有重要意义。一是对影响经济增长的各种因素进行分解,判断不同因素的作用,筛选出能够促进经济可持续增长的根本驱动因素。二是能够分析影响经济可持续发展的相关因素,能够区分经济增长的投入要素和效率要素在规模上的作用:如果投入的作用较大,应制定增加总投入的政策,扩大总需求要素;如果效率因素发挥较大作用,应继续制定结构性政策,促进技术进步。也就是说,绿色技术进步率的相关理论和测量方法为政府制定宏观经济政策提供了必要的依据。

3.5　环境规制理论

　　环境资源在经济活动中起着至关重要的作用,其具有资源稀缺性、公共利益性和污染的负外部性等特征。如果经济发展超过了环境可持续性的门槛,环境不仅不可持续,其恢复和管理也将面临更大的困难。解决环境问题刻不容缓,且必须从环境规制方面入手。本书将对环境规制理论的变迁进行研究,探讨背后的经济原因,为我国环境规制理论研究和实践提供依据。

3.5.1 环境规制理论的发展

　　规制是一种介于自由市场和政府所有制之间的管理社会的方式。

1989年,乔治·斯蒂格勒(美国著名经济学家、诺贝尔经济学奖获得者)对于规制这一概念提出了自己的理解,他认为,规制是指以政府为实施主体,采取强制手段对利益集团进行管理的一种规制形式。这一观点得到学术界的广泛认同。1992年,植草益博士(日本著名的产业经济学家)研究了西方国家在不同时期对于环境治理采取的政策和措施,将环境监管定义为社会公共机构对构成特定经济体的经济主体和特定社会中的个人进行约束的规则。1999年,丹尼尔·F.史普博提出规制是指政府各部门为了能够更好地对市场机制进行干预,或者说能够在经济主体和社会公众的供需关系中进行间接控制而制定和执行的一种制度。2001年,王俊豪教授参考了众多学者对规制概念的讨论,得出一个结论:可以根据规制对象的性质,将规制分为社会性规制和经济性规制。其中:社会性规制是指政府采取强制性措施对企业治理进行统一标准的管理,旨在通过政府的参与使公众的健康、安全、基本权益等得到应有的保障;经济性规制是指以市场为导向对社会资源进行优化分配的手段,其目的是保证公众能够合理地使用社会资源,并从中获取相应的报酬。可见,本书谈及的环境规制就从属于社会规制。在生产过程中产生的环境污染的负外部性会导致企业实际成本与社会成本之间存在很大差距,政府作为管理主体,可以依据环境外部性理论实施环境规制。政府通过制定政策、出台措施强制性调节企业的经济活动,促进企业实现竞争力提升和环境保护的协调发展,此即环境规制存在的重要意义。这一结论得到了很多学者的强烈认同,其中也包括彭海珍博士,她于2004年提出一个新的观点。她认为,环境规制也可以叫作环境管制,是以政府为管理主体的一种管制,是政府为了使得环境成本内部化,针对环境污染问题而制定的环境保护相关的法律法规,是一种为了防止企业盲目追求高利润、滥用环境资源而实施的制度。

根据学者们对环境规制的探讨可以看出,环境规制是国家为了纠正环境中的外部不经济性,实现经济发展和环境保护的和谐发展,制定和实施的一系列加强环境保护的相关政策。

通常情况下,学者们在研究环境规制时会把环境规制看作政府政策的一个方面,是一个可以调节的变量。不过,也有学者提出了新颖的观点——环境规制是一座桥梁。政府、市场等主体和行业、企业、产品等客体结合起来是一个整体,环境规制在其中起到中间变量的作用。在不同阶段、不同时期,不同的工具在不同主体、客体之间发挥的作用不同。环境规制属于社会性规制的范畴,主要源于环境污染所导致的外部性,政府通过制定相应政策与措施对厂商的经济活动进行直接或间接调节,以达到保护环境和实现经济发展的目标。赵玉民等(2009)从环境规制主体、手段、对象、目标和性质五个维度对环境规制进行了界定和拓展,并据此将环境规制划分为隐性环境规制与显性环境规制两类。其中,隐性环境规制主要指内存于个体的环保意识、环保态度和环保观念等;显性环境规制又可划分为命令控制型环境规制、基于市场的激励性环境规制与自愿性环境规制三种。以上四种环境规制产生的时期不尽相同,相应地,在运行成本与对技术创新效率激励方面的影响也不尽相同。命令控制型环境规制与基于市场的激励性环境规制运行成本较高,而隐性环境规制与自愿性环境规制的运行成本相对较低;命令控制型环境规制对企业技术创新的激励作用较小,而其他三种环境规制对技术创新的激励作用相对较大。

对于经济学家来说,环境问题和古典经济学几乎是同时出现的。古典经济学的创始人马尔萨斯、李嘉图和密尔对环境与经济问题进行了深入的思考,"绝对稀缺资源""相对稀缺资源""稳态经济"无不涉及环境和经济发展的协调问题。他们虽然没有对问题的根源进行经济分析,也没有提出有关建议,但他们提出的这些概念却是成功解决环境问题的基础。庇古是第一个对环境问题进行经济分析的经济学家。他提出的税收方案是一个创新的想法,可以在很大程度上解决环境外部性问题。20 世纪 60 年代,科斯提出了另一种从产权角度解决外部性问题的方法。此后,在这些理论的基础上,塔腾伯格、鲍莫尔和奥兹等对传统环境管理问题进行了理论研究。经济学家认为环境是一种公共产品,政府从宏观经济的角度干预或利用市场力量来应对环境造成的市场失灵。20 世纪 80 年代,现代经济学研究方法被广泛应用。在此基础上,拉丰和梯若尔提出了环境规制机制设计、信息经济学和委托代理理论。相应地,研究方法逐步发展为规范研究、定性研究和定量研究。目前,环境规制理论体系的研究仍处于发展阶段,梳理其发展历史、研究环境规制的经济根源十分必要。因此,本书将通过研究环境规制理论的变迁来探讨环境规制的经济学根源。

3.5.2 环境规制的经济学根源

从 20 世纪开始,环境问题就出现了,当时大众并没有给予太多关注。随着经济的快速发展,人们对自然资源无节制地使用,环境问题日趋严重。由于没有比较完善的、成体系的理论为环境管理提供指导,环境问题未得到妥善解决。在 20 世纪 60 年代后,环境问题已经成为全球面临的共同难题,严重影响到人类的生存和发展。如果不及时采取措施,会威胁到人类社会的延续。认识到这一严峻现实后,从 20 世纪

70 年代开始,西方的一些发达国家率先制定了经济政策和环境政策来解决资源利用问题。由此,环境规制理论开始成为学术研究的热点方向,人们对环境规制逐渐有了较全面的认识。

环境问题一直以来都是一个既复杂又棘手的问题,受多种因素的制约,必须使用强制手段采取相应措施才能得到有效的解决。此处的强制手段指的就是政府干预。政府出台的一切防止环境污染的政策,包括不可转让的排放许可证等都是治理环境污染的主要工具。这些强制性干预措施的最大特征是政府作为实施主体直接进行干预,及时有效,公平公正,但在实施过程中也有相应的缺点,如缺乏灵活性,具有滞后性,等等。后来,人们认识到,环境税、可交易的许可证和其他任何能够通过改变企业成本和收益来调整生产决策的手段也可以在环境保护中发挥间接作用,这些手段也是具有强制性的,但为企业提供了更多自觉守法的机会和更大的经济激励,丰富了环境监管手段。这些手段可以更好地弥补政府干预过多的缺陷。

20 世纪 90 年代以来,环境认证、自愿协议、信息公开等措施的实施,使得环境规制在自愿的基础上具有了强制性。从环境规制主体的角度出发,环境问题被认为是市场失灵的结果,因此政府应该采取规制措施来弥补市场失灵,可见环境规制主体是政府。然而,公共选择理论认为,如果政府干预过度或干预不足,必将会造成"政府失灵"的现象。该现象体现在环境问题上的具体表现是政府对环境保护政策的实施监督不力。因此,公众迫切需要一种能够弥补"政府失灵"的制度,而公共选择理论提供了一种解决方案,即个人通过一定的规则参与集体决策。在环境保护实践中,企业环境保护意识的增强、非政府环保组织的兴起、公众环保意识的提高、环境决策参与机制的完善,限制了污染性经济活动,由政府、企业、公众构成的环境规制基本主体显然已经扩大。在理解环境规制的规制特征时,规制经济学将实施环境规制的手段或工具分为社会规制和经济规制。社会规制是以促进社会福利为目的的规制,包括以保障人民生命安全、预防公害和灾害、保护环境为目的的规制。经济规制指的是对具有自然垄断和信息不对称的行业进行监管,以避免资源配置效率低下,确保公平,包括设置市场进入和退出壁垒、价格上限,以及限制生产或质量。上述分析表明,环境规制的内涵已经发生了深刻的变化,根据目前的理论和实践认识,环境规制的内涵包括:第一,环境规制的主体包括政府、非政府组织、企业和公众。第二,实施环境规制的手段或工具既包括社会规制手段,也包括经济规制手段;环境规制的目的既包括社会规制目的,也包括经济规制目的,如自然资源优化配置等。第三,环境规制的客体是造成环境损害的一些经济活动。第四,环境规制是一种对行为的限制,这种限制不一定要通过强制手段来实施。综上所述,本书将环境规制的概念界定为:环境规制是政府、非政府组织、企业和公众为保护环境或优化自然资源配置,依照法律规定,采取相应措施,对破坏环境的经济活动的一种约束。

环境规制的经济学根源表现为以下五点。

第一,环境资源的稀缺性。环境是人类生存和发展的基础,其给经济发展提供资源,也承受着发展导致的污染。传统观念认为资源和环境来自大自然的馈赠,忽视了其具有稀缺性、不可替代性。其中,稀缺性包含以下三个方面:一是相对稀缺性,资源是有限的,而人的欲望是无限的,为了追求更多的经济利益,以及利益的最大化,人们全力开发更多的自然资源,特别是稀缺性强且经济价值高的资源,再多的资源也满足不了欲望的需求。二是绝对稀缺性,自然资源的形成是一个漫长的过程,虽然人类社会当前的科技水平大幅度提高,资源的利用率也得到了提升,但整体上对资源的使用量还是处于高水平的。一旦对资源的使用过量,超出自然环境的可承受范围,必然会导致不可修复的环境问题。三是结构稀缺性,由于全球的资源分布不均衡,部分地区的资源结构性短缺,限制了经济的整体增长。

第二,环境污染的负外部性。关于外部性问题的研究,最早可以追溯到 19 世纪末,当时新古典经济学派的代表人马歇尔率先提出外部经济理论。之后,学者们在此基础上纷纷展开研究,20 世纪 20 年代,庇古采用边际分析法,分析了外部性问题的根本原因,指出该问题是自由市场的天然缺陷,并提出解决问题的办法,即"庇古税"。鲍默尔等(1988)对市场外部性问题进行了系统的研究,从实践角度探索了外部性问题产生的根源,认为自由市场不能有效配置社会资源,因此,需要政府的宏观调控,发挥"看得见的手"的积极作用。

第三,环境资源的公共属性。古典经济学派的亚当·斯密等最早研究了公共物品的基本属性,承认政府在调控公共资源方面的重要作用。20 世纪 50 年代,著名的经济学家萨缪尔森明确给出公共物品的相关定义,提出公共物品具有非排他性和非竞争性。Scott 等(2006)采用空气质量评价标准作为公共物品的测量尺度,提出环境影响下的空气质量问题是市场失灵的表现。由于公共物品的基本属性,客观上允许"搭便车"行为的出现。这种行为具有传染性,传播速度很快,会破坏公共物品的供给,造成环境资源日益紧张。同时,市场主体追求自身利益的最大化,在利用环境资源的过程中,只注重扩大环境资源对经济效益的贡献,而不顾对环境的污染和破坏。市场失灵会导致资源配置失衡,即"公地悲剧"。对于保护环境资源的成本,理性的经济人不愿意承担,也不会主动承担,因此需要政府的政策干预,这是政府环境规制理论形成的直接原因。

第四,环境产权的非明确性。罗杰·伯曼等(1986)首先提出财产权这一概念,认为其是资源有效配置的根本保障。环境资源作为一种公共品,其产权具有很强的公共性和模糊性,诸如空气、水资源等的特性,人类社会没有进行产权界定,虽然对矿产资源等要素做出了产权划分,但缺乏有效的监管,再加上环境资源的稀缺性以及经济人的趋利性,竞相开发利用各种资源,给环境带来不可逆的伤害。在环境治理方面,需要大量的时间和资金成本,一般的经济个体很难负担,这就需要调动整个社会的力量,但没有人愿意接受付出和收益不匹配的状况,这就导致了资源配置的低效率,因此,需要明确产权,从政策和法律等政府环境规制层面,进行责任划分,做好污染治理。

第五,信息的不对称性。信息是完成资源有效配置的重要条件。信息错位会导致市场对供求的误判,影响供求平衡和资源配置。对于市场主体来说,获得信息意味着在市场中掌握主动权,可以大大减少在市场中所承担的各种风险。目前,信息不对称主要表现在以下三个方面:一是信息不确定性,现实中存在一些环境问题,目前科学界无法给出准确的判断;二是市场主体对信息的认识不全面,无法做出科学合理的选择;三是信息反馈的异质性,市场双方对同一事物有不同的认知,这就会导致决策失误,使双方难以达到均衡。因此,信息不对称是政府实行环境规制的重要原因。

3.6 可持续发展理论

　　1972 年,联合国人类环境会议在斯德哥尔摩召开。会上,世界各国的研究者们首次表达了对于可持续发展概念的看法,并确定了"全人类都应该生活在健康的、可持续的自然环境中"这一原则。不论是发达国家还是发展中国家都高度赞同这一原则,并承诺会努力实现可持续发展。1987 年,《我们共同的未来》这一报告首次提出了可持续发展的定义,认为可持续发展是一种能力,一种既能满足当代人需要,又不危害后代人,且满足其需要的能力。这一概念得到社会各界的广泛认可。1992 年,联合国环境与发展会议的参会代表对这一概念达成了共识。

　　可持续发展首先是从自然特征的角度来定义的,它被认为是环境上的可持续发展,应确保自然环境资源及其利用的平衡发展,主要包括可持续经济、可持续生态和可持续社会三个方面。可持续发展的最高目标是实现这三个方面的协调统一,提高经济发展的经济效益、实现生态环境的和谐发展和实现人类社会的公平待遇,从而实现惠及全民的包容性发展。尽管可持续发展的概念最初是作为如何通过经济和社会发展来保护环境这一问题的解决办法而提出的,但可持续发展已不仅是一个环境保护问题,也是一个发展问题,是将环境保护与发展有机结合的能力问题,最终会成为全人类经济和社会发展的重要战略问题。

　　当前关于可持续发展的理论研究主要侧重于可持续发展的类型、具体行动方式等。

3.6.1 可持续发展理论的发展

1972 年,在斯德哥尔摩举行的联合国人类环境会议首次讨论"可持续发展"这个问题。世界自然保护联盟、联合国环境规划署和世界野生生物基金会于 1980 年联合出版了《世界自然资源保护大纲》,其中载有"可持续发展"的明确概念。1987 年,世界环境与发展委员会发表了题为《我们共同的未来》的报告,将可持续发展正式界定为"满足当前的需要而不损害子孙后代的需要"的能力。

可持续发展是包括社会经济和自然环境在内的一个复杂的制度(鲁丰先 等,2004),与简单的经济增长相比,概念更加丰富,范围更广泛,但这并未让传统经济学家产生关注。事实上,可持续发展的概念对"理性人"假设提出了一些挑战。潘兴侠(2014)从经济角度提出,可持续发展理念主要侧重于经济,不能以资源环境为代价换取经济的增长。于翔和胡培(2014)从社会性、经济性和资源性三个方面对可持续发展进行了研究:社会性主要是指调动社会各界资源保护环境,促进社会与环境的和谐发展,保护环境的主要目的是确保高质量的社会生活;经济性意味着在经济发展的过程中,我们应该注意环境保护,不能忽视环境问题,只有这样,经济才能实现高质量发展;资源性主要体现为对资源的利用不应超过环境的可承受范围,应合理利用,以确保资源的可持续发展和利用。张晓玲(2018)将可持续发展分为两个方面:一是以人为本的理念,在对自然资源的开发利用中,自然资源所产生的效益不应发生变化,既要满足当代发展的需要,又要不损害子孙后代的资源效益;二是保护自然的发展理念,认为自然资源是独特的、不可逆转的,只要人类的基本生存需要得到满足,自然资源就不应该被过度开发。因此,从经济、社会以及资源等方面来看,促进人与环境的和谐发展符合可持续发展的基本理念。

3.6.2 可持续发展理论的分类

戴维·皮尔斯等依据可持续发展理论的研究范式,将其分为"弱可持续发展"理论和"强可持续发展"理论。其中,"弱可持续发展"理论是基于索洛的相关理论提出来的,具有可替代性,而"强可持续发展"理论则不具备可替代性。英国著名的经济学家埃里克·诺伊迈耶将"强可持续发展"理论视作不可替代范式,将"弱可持续发展"理论视为可替代范式。

一是"强可持续发展"理论。根据这一理论,自然资源被认为是一种具有强烈独特性和不可替代性的资本,对经济具有高度的限制性,没有相互交换的可能性。自然资本的供给虽然很大,但与需求相比却非常不足,这成为制约经济发展的关键因素。随着经济社会的不断发展,自然资本相对于其他生产要素成为最稀缺的要素,导致这种情况的主要原因包括以下三个方面:一是人工生产要素与自然资源之间没有完全的替代,如果可以完全替代,人类社会就不需要人工生产要素,可以直接从自然世界中获得相应的资源;第二,人工生产要素的基础是自然资源,如果没有自然资源的供给,人工生产要素就无法得到物质转化;第三,人工生产要素作为一种产品,是效率的体现,而自然资源的物质属性决定了其不能等同于生产要素。

二是"弱可持续发展"理论。该理论认为自然资源和人工生产要素可以作为资本共同投资,但两者都不能制约经济的发展。因为只要资本投入总额不变,两者之间的权衡不会影响最终的结果,这是由两者的可互换性决定的。索洛认为,只要所消耗的资源得到及时的替代,就不会对后代的资源使用产生影响。有学者认为自然资源是特殊的,经济的发展有利于自然环境的进一步优化,这就需要经济的持续增长。其中,消费的增加导致了环境污染的加剧,但减少了可再生资源的消耗,即自然资源的稀缺性会使自然资源的价格提高。要解决这一问题,应从以下四个方面着手:一是某一种或几种资源的价格上涨,使得市场供应不同的资源,由于资源的强可替代性,市场很快就会被新的资源供应所占据;二是扩大资源开发,缓解资源需求压力,降低市场价格;三是进行技术创新,加强技术投入,提高资源利用效率,降低资源开发成本;四是对一些稀缺资源进行人工模仿,增强其可替代性。因此,"弱"可持续发展理论认为,自然资源的供给不会出现短缺或不足,只要采取适当的措施,就不必过于担心。

自 1990 年以来,可持续发展理论的研究取得了长足的发展。在达成各种共识的前提下,也存在着分歧,如研究方法、范围、方向等。由于时间、技术和知识的限制,没有人能够准确把握未来的发展,因此关于可持续发展理论的争论将会长期存在。

4 政府环境规制对绿色创新影响理论机制

4.1 政府环境规制影响绿色创新的理论框架

政府环境规制是制度安排的一种,在古典经济增长理论中政府要素并未被纳入模型的分析,即使随着劳动力、资本、技术等生产要素内生化,政府依然处于外生变量的位置,或者可以说只是扮演着"守夜人"的角色。然而,随着对现实世界的认知逐步加深,以及对政府角色的重新认识,政府行为也更受重视,并且也逐渐被纳入经济分析模型中。在研究方面贡献较为突出的是新制度经济学和新结构经济学学者,主流经济学学者也在不断地尝试,并取得了显著成果。比较有代表性的研究如下:Eicher(2003)认为制度质量可以对人民的回报产生影响;Aaron(1997)和Davis(2010)分别从市场交易、交易费用等维度研究经济增长与制度的关系;黄少安等(2005)将我国土地产权制度作为影响农业生产效率的解释变量,而且证实了这种制度对于当时的生产效率是有积极作用的。黄少安(2016)建立了一个包括制度要素的经济增长模型,得出良好的制度质量可以使得国家间的经济距离缩短,反之富裕国家也会变得贫穷的结论。既然制度要素对经济活动和行为如此重要,将其作为内生变量放入模型中分析既合理又必然。本书的基础模型的构建主要是参考 Romer(1990)的做法,并进一步将政府环境规制作为变量之一引入模型。

4.1.1 生产者基本假设

由于我们考虑国家内部空间的异质性问题,因此首先做出非匀质性假定。为了简化模型的分析,我们假定:一个经济体内部只包含 A 与 B 两个地区,其中地区 A 政府环境规制较弱,地区 B 政府环境规制较强,这样的假定比较契合当前我国东部地区与西部、中部地区的实际情况。一个国家内部具有 N 个企业,其中某一企业 i 属于集合 $\mathbf{N}$,并且每一个企业具有同质性,包括在生产过程中所使用的劳动力(L_i)、资本(K_{it})、技术(A_{it})和制度(I_{it})等生产要素。实际上这也就意味着制度变量对于每一个企业都是无差异的,具有非排他性和非竞争性。必须说明的是,劳动力包括低技能劳动力和高技能劳动力,由于在下面的分析过程中没有提及,因此将其做简化处理。对于制度要素而言,它的制定和实施过程中并非完美的,总会使得效率出现损失,故此我们在后续实证分析过程中将环境规制进行分类。在政府环境规制对绿色创新影响的数理推导过程中,将制度替换为政府环境规制(Er_{it})。政府环境规制作为现代治理体系的一部分,在模型中具有其鲜明的特殊性,将其引入生产函数中,代表着其是生产要素,这也就意味着在使用过程中其具有价格。但是制度价格与其他生产要素价格的变化原因有所不同,政府环境规制的价格高低并非其稀缺性抑或是供求关系导致的,而是受到政府的环保意识和决心所影响的。政府环境保护意识越强和环境治理决心越大,污染环境要素的价格就越高。这意味着,在其他条件不变的前提下,生产者所支付的成本会升高,间接缩减了企业的利润。因此,可以简单地理解为,企业生产成本越高,在其生产过程中所造成的单位污染排放量就会下降。

假设企业的生产函数为 C-D 生产函数,形式是:

$$F(L_{it}, K_{it}, A_{it}, E_{it}) = A_{it} L_{it}^{\alpha} K_{it}^{\alpha} Er_{it}^{\alpha} \tag{4.1}$$

其中,α、β、γ 分别表示劳动力、资本和环境规制等三种要素在生产过程中所占的份额,且三者之和等于 1,意味着在完全竞争是条件下生产函数满足一次齐次的性质,抑或是生产规模报酬不变。与此同时,企业的生产函数的技术条件满足"哈罗德中性"。进一步,我们假定各生产要素的使用价格,其中:$P_{A_{it}}$ 代表生产过程中的技术应用价格,$P_{L_{it}}$ 代表劳动力价格,虽然高技能劳动力与低技能劳动力价格不同,但是为了简化分析我们将其定义为复合价格指数;$P_{K_{it}}$ 是企业在生产过程中的物质资本投入价格;$P_{Er_{it}}$ 表示生产过程中投入的污染要素价格,在这里也就是政府环境治理强度;P_{it} 代表企业产出的产品的价格。最后,我们假定不存在储蓄,即总收入等于总支出。综合上述假定,可知厂商的利润函数为:

$$\pi = P_{it} \times F(\cdot) - (P_{A_{it}} A_{it} + P_{L_{it}} L_{it} + P_{K_{it}} K_{it} + P_{Er_{it}} Er_{it})$$

$$\tag{4.2}$$

接下来,我们要考察企业在面临政府环境规制时的决策行为,也就是说企业会采取何种决策来获得最大利润。

决策一:默默承受成本直至达到盈亏临界点而退出市场。如果这是企业的最终选择,那么企业就必须承担使用高污染生产要素所带来的价格水平。此时,企业的利润函数为:

$$\pi_1 = P_{it}A_{it}L_{it}^{\alpha}K_{it}^{\beta}Er_{it}^{\gamma} - (P_{A_{it}}A_{it} + P_{L_{it}}L_{it} + P_{K_{it}}A_{it} + P_{Er_{it}}^{1}Er_{it})$$

$$(4.3)$$

其中,在使用同等数量的具有污染性的生产要素时的要素价格 $P_{Er_{it}}^{1}$ 大于 $P_{Er_{it}}$,且与环境规制强度正相关。

决策二:面对本地区高强度的政府环境治理水平,企业选择向环境规制较弱的地区 A 转移,此时企业的利润函数为:

$$\pi_2 = P_{it}A_{it}L_{it}^{\alpha}K_{it}^{\beta}Er_{it}^{\gamma} - (P_{A_{it}}A_{it} + P_{L_{it}}L_{it} + P_{k_{it}}A_{it} + P_{Er_{it}}^{1}Er_{it}') -$$
$$P_{Er_{it}}^{4}Er_{it}'' \qquad (4.4)$$

其中:τ 表示贸易成本。Er_{it}' 与 Er_{it}'' 分别表示在地区 A 和地区 B 时的生产要素所面对的环境规制强度,为了便于分析我们将其总和确定为 Er_{it}。$P_{Er_{it}}^{4}$ 表示的是在政府环境规制较弱的地区进行生产所用生产要素所支付的价格水平。

在选择决策二的情况下,由于地区 A 的政府环境规制较弱,企业为了使得利润最大化而选择向该地区转移无可厚非。但是,由于地区之间的贸易存在诸如方言、市场一体化不完善和交通等导致的成本,会增加企业的负担。如果企业因此承担的成本高于因环境规制较弱带来的较低的生产要素价格水平所减少的成本,显然转移就是不合理的。

决策三:面对本地区高强度的政府环境治理,企业选择增加技术创新投入,从而提高生产要素的利用率和减少污染物的排放量,这表现为环境规制强度相对减弱。此时,企业的利润函数为:

$$\pi_3 = P_{it}A_{it}L_{it}^{\alpha}K_{it}^{\beta}Er_{it}^{\gamma} - (P_{A_{it}}A_{it} + P_{L_{it}}L_{it} + P_{K_{it}}A_{it} + P_{Er_{it}}^3 Er_{it})$$

$$(4.5)$$

其中:企业进行技术创新投入,政府环境规制强度相对减弱所引起的 $P_{Er_{it}}^3$ 小于 $P_{Er_{it}}^1$。

企业想获得利润,便要对以上三种决策进行对比。在三种决策中最先淘汰的应是决策一,主要原因在于决策一中的政府环境规制所引起的具有污染性的生产要素价格最高,而其他生产要素的价格没有发生变化,故此追求利润最大化的企业不会选择该决策。决策二与决策三的关键在于 $P_{Er_{it}}^2 Er_{it} + \tau$ 与 $P_{Er_{it}}^3 Er_{it}$ 的对比,可以将其转变为下面的不等式:

$$\pi_2 - \pi_3 = P_{Er_{it}}^1 Er'_{it} + P_{Er_{it}}^4 Er''_{it}\tau - P_{Er_{it}}^3 Er_{it} < 0 \qquad (4.6)$$

只要这个不等式成立,就选择决策三,反之则选择决策二。

对上述不等式进行转化,可得:

$$\pi_2 - \pi_3 = (P_{Er_{it}}^2 - P_{Er_{it}}^3) Er'_{it} - (P_{Er_{it}}^3 - P_{Er_{it}}^4\tau) Er''_{it} \qquad (4.7)$$

在上式中,首先来看等式右边第一项,由于 $P_{Er_{it}}^2$ 是政府环境规制较弱地区的相对价格,$P_{Er_{it}}^3$ 是政府环境规制较强地区的相对价格,根据前面环境规制越强价格越高的假设,可知二者相减则小于0。接下来看等式右边第二项,对括号内部的解释是如果在政府环境规制较弱地区进行生产所用的生产要素价格与贸易成本的乘积高于在政府环境规制较高地区进行生产所用的生产要素价格,企业的利润最大化是不能实现的,最终企业不会选择迁移其生产场所。反之,则该部分是大于0的。从等式右侧整体来看,第一项小于0,第二项也是小于0的,故此等式成立。此时,企业的决策是进行技术创新,进而实现利润最大化。

至此,已经基本上说明了企业为了实现利润最大化会采取的三种不同的决策,并且通过对比分析发现企业选择技术创新投入是明智的选择。下面将会分析政府环境规制与技术创新之间的作用机理是什么,仍然需要借助数理模型进一步剖析。

4.1.2 数理模型推导

根据上述相关假定以及在生产函数既定情况下,我们根据利润最大化的条件对 Er_{it} 与 A_{it} 求偏导数,有:

$$\frac{\partial \pi}{\partial A_{it}} = P_{it} L_{it}^{\alpha} K_{it}^{\beta} Er_{it}^{\gamma} - P_{A_{it}} = 0 \qquad (4.8)$$

$$\frac{\partial \pi}{\partial Er_{it}} = \gamma \times P_{it} A_{it} L_{it}^{\alpha} K_{it}^{\beta} Er_{it}^{\gamma-1} - P_{Er_{it}} = 0 \qquad (4.9)$$

两式变形转换后得到:

$$\frac{\partial \pi}{\partial A_{it}} = P_{it} L_{it}^{\alpha} K_{it}^{\beta} Er_{it}^{\gamma} = P_{A_{it}} \qquad (4.10)$$

$$\frac{\partial \pi}{\partial Er_{it}} = \gamma \times P_{it} A_{it} L_{it}^{\alpha} K_{it}^{\beta} Er_{it}^{\gamma-1} = P_{Er_{it}} \qquad (4.11)$$

两式相除即可得到:

$$\frac{\gamma A_{it}}{Er_{it}} = \frac{P_{Er_{it}}}{P_{A_{it}}} \qquad (4.12)$$

进一步,为了考察政府环境规制变化对技术创新的影响,我们将上式转变为技术创新由环境规制表示,即:

$$A_{it}(\bullet) = \frac{Er_{it}}{\gamma} \times \frac{P_{Er_{it}}}{P_{A_{it}}} \qquad (4.13)$$

接下来,我们对上式求关于 $P_{Er_{it}}$ 的偏导数,并且由于政府环境规制是价格的函数,可得:

$$\frac{\partial A_{it}}{\partial Er_{it}} = \frac{1}{\gamma P_{A_{it}}} \left(Er_{it} \frac{\partial P_{Er_{it}}}{\partial Er_{it}} + P_{Er_{it}} \right) \qquad (4.14)$$

根据价格弹性公式,我们能够推导出:

$$\varepsilon_{it} = \frac{P_{Er_{it}} \partial Er_{it}}{Er_{it} \partial P_{Er_{it}}} \qquad (4.15)$$

将式(4.15)带入式(4.14),可得:

$$\frac{\partial A_{it}}{\partial Er_{it}} = \frac{Er_{it}}{\gamma P_{A_{it}}} (1 - \varepsilon_{it}) \qquad (4.16)$$

依据上述数理模型推导,我们得到了政府环境规制与企业技术创新的关系,下面进行简要分析。

根据式(4.16)可知,等式右边第一项 $\dfrac{Er_{it}}{\gamma P_{A_{it}}}$ 恒大于或等于 0,符号为"＋",因此在具体分析中可以不予考虑。当然 0 是不可取的,原因在于当该项等于 0 时,等式也为 0,没有谈论的意义。当价格弹性绝对值 $\varepsilon_{it} < 1$ 时,等式右边部分大于 0,整个等式大于 0。这意味着,政府环境规制所引起的生产要素价格弹性小于 1,随着政府环境治理的规章政策或污染治理的意识越强,企业选择技术创新决策的决心会越大,对于在生产过程中的科技创新投入也会越多,此即二者呈现正相关关系,政府环境规制可以促进企业创新行为。当然,企业的科技创新投入不仅仅包括为了买进和开发新技术而增加物质资本,还包括培训工人技能

和聘请研发人员。

如果价格弹性绝对值大于 1 时,等式右边部分小于 0,整个等式小于 0。这意味着政府环境规制与技术创新是负相关的,即随着政府环境规制强度的增加,企业也许会降低其技术创新意愿,或者减少其创新投入。

在环境治理初期,由于企业生产过程中对污染较重的生产要素使用较多,会出现污染物排放量过多的情况。此时政府制定和实施环境规制会使企业降低对具有污染性的生产要素的使用量,此时价格弹性的绝对值大于 1,等式整体小于 0。这表明企业最初也许并未有采取加强科技创新的做法来降低"坏"副产品,而是通过降低生产量的做法以求达到环境治理水平。这种"急剧式"的做法虽然能够实现环境保护的任务和目标,但会减少产量和降低生产力,并非有利于企业发展的长久之举。经过政府的引导、补贴和企业对环境规制的逐步认识,企业会减少对污染重的生产要素的使用,环境规制的强度对于企业而言会相对减轻,此时可以看到价格弹性的绝对值小于 1,等式整体大于 0,这一时期的政府行为具有正向的技术创新效应。其主要原因在于面临强度大的环境规制,企业会转变发展方式,增加对技术创新的投入,提高资源的利用效率和减少污染物的排放。

4.2　政府环境规制对绿色创新的影响机制

4.2.1 政府经济与法律支持机制

　　绿色技术创新具有独特的"双重外部性"。首先是具有正外部性，也就是说在政府环境规制强度增强的情况下，在位企业选择加大科研投入的决策，这样可能会创造出新的技术。这项新的技术在推广后，有一些知识在传播过程中发展为公共知识，在此基础上可能会引起新一轮创新活动，或者这些新的技术会被其他在位企业进行模仿、复制，这两种方式都会挤占原开发创新企业的利润空间。正是绿色技术创新的正向溢出效应，导致初始研发创新企业不能得到一定的补偿，不能弥补其在研发过程中的大量投入，使得企业个人收益小于社会收益。实际上，初始研发企业付出大量投入研发新技术，承担了失败的风险和成本。如果没能得到应有的补偿或者市场失灵导致企业不追求原始创新，会大大减少政府环境规制预期目标，并且如果企业选择继续扩大规模来对冲环境规制带来的压力，那么污染排放量会不断增加，这又会再一次引起政府环境规制强度的增大，最终形成"政府环境规制—企业扩大生产规模—污染物排放量增加—政府环境规制强度提高—企业再一次扩大生产规模—……"的恶性循环。其次，"搭便车"效应明显。由于污染排放定价机制不完善，对企业排污成本的多寡不能明确。如果排污定价过高,不仅会导致企业生产成本增加与利润空间压缩,而且会导致企业科研创新投入减少,还会导致绿色创新技术难以得到开发。如果排污定价过低,在位企业的排污成本显著小于社会成本,这样就会使企业增加生产规模和增加企业污染排放物数量,最重要的是导致企业绿色创新动力不足,政府环境规制的作用将会不断下降。因此,政府的经济与法律支持显得尤为关键。

政府经济支持包括研发补助和低碳补助两方面,法律支持则包括知识产权保护和生产者权益保护两方面。政府经济支持对技术创新影响的研究较多,发现经费补助、价格补贴、税收优惠等不同政府支持政策具有"挤入效应"和"挤出效应",且强度高低会决定技术创新效应的大小。近年来学术界逐渐将研究热点转向政策耦合效应,提出政府支持与环境规制对绿色创新有正向耦合作用。但是目前的研究大多只考虑一种或一方面政府支持的绿色创新效应,有些研究则仅将政府支持作为工具变量处理内生性问题。政府经济支持被研究得较多。不同类型的政府经济支持政策的适用环境、执行成本、影响时滞也会有较大差异。政府治理水平关系到资源配置效率与国家政策执行力度,往往对企业生产经营决策有重大影响,企业创新行为也不例外地会受到政府治理水平的影响。地方政府出于未来社会福利与经济发展考虑通常会有意识地引导企业创新行为,比如通过专项补贴、减税或行政命令保护等。绿色技术创新专利具有正外部性,并且具有公共物品特征,这也导致企业进行绿色技术创新时资金人员等投入可能无法被完全补偿,致使其逐渐丧失创新主动性。通常情况下,因为减税和补贴可以一定程度弥补技术创新的资金缺口,完善的产权保护制度可以有效维护创新行为的收益,所以地方政府会通过给予税收优惠、加强产权保护等措施来有效保护创新成果不受侵害，最终增加社会福利。

4.2.2 产业结构升级机制

企业选择进入市场，目的在于追求利润最大化。企业是以盈利为目的的市场主体，在存在利润空间的前提下企业才会选择进入某一行业。整体而言，不同类型的企业进入对产业结构调整升级至关重要。随着政府环境规制强度提高，在生产过程中投入数量较多的污染性生产要素的企业会被动提高生产成本，包括选址、购买污染处理的设备等，但这也往往会形成壁垒，进而成为阻止新进企业和其他潜在进入企业的不利因素。同时，较高的环境规制强度增加了污染排放量多的企业的技术改造和污染治理的压力和成本，进一步加快了对这些企业的淘汰。环境规制强度增大也会引起企业的转移，也就是推动具有污染性的企业向环境规制强度较小的地区重新选址，这样会使得污染集聚。如果当地能够建设一些环境污染治理的相关基础设施，那么集聚的重污染企业会充分利用这些公共物品治理所排放的污染物，污染集聚效应由此形成。而且，企业的这种行为也会减少单个企业污染治理费用，最终实现社会的污染治理水平提高。此外，污染企业集聚还能产生其他效应他效应，如企业间可以进行环保技术的交流，实现知识共享。而污染企业的转移或退出市场，会引起产业结构调整——"腾笼换鸟"，即劳动力、物资资本、土地等生产要素会向其他产业行业转移，推动产业结构合理化和高级化发展。

政府环境规制强度的增大不仅使得企业治污成本提高，也会倒逼这些企业进行科技创新投入，改变生产方式，改造生产工艺，推动这些企业实现"改头换面"。在这个过程中,不仅使得在位企业实现优化升级,也会使得生产要素在行业间的配置效率不断提高,从而促进绿色全要素生产率的提高。同时,以绿色创新为发展目标,也会推动绿色产业的出现与发展,最终促使产业结构升级。

随着居民生活水平的提高,人们的环保和健康意识不断增强,对空气质量和生产、生活条件有了新的需求,对绿色产业的需求增加,从而引起产业结构调整和升级。特别是我国进入新发展阶段,需求更新升级,同时需要供给端升级,要抓住构建新发展格局的机遇,使得生产创造消费以及消费反作用生产。居民绿色消费需求也会传导至整个产业链,进而引起产业结构的调整。言而总之,需要在政府环境规制下使得供给与需求相适应,实现产业结构升级,最终推动企业绿色创新。

综上所述,政府环境规制促使企业重新选址,通过污染集聚效应解决污染问题,企业间通过环保技术、知识、人员的交流,共享绿色发展经验。重污染企业的退出使得劳动力、物质资本等生产要素向绿色产业重新分配,提高资源配置效率,改善环境。绿色环保产业通过其技术溢出效应,可以带动整个产业向绿色低碳方向发展。居民绿色需求升级,进一步引导供给结构的调整,促进在位企业的绿色技术创新,推动产业链上下游企业由传统增长模式转变为低碳、绿色循环的发展模式。

4.2.3 技术创新投入机制

在新古典经济学基础上发展的"遵循成本效应"理论,主要内容为环境规制强度增加会导致企业减少用于生产的资本投入,并将这部分减少的投入转向污染物排放的处理,这意味着污染内生化的方式将会挤占企业原本用于投入购买生产要素和技术创新的物质资本,结果可能会导致企业生产能力的下降,甚至由于科研投入过少而导致产品创新能力不足,最终导致产业结构和产品不能迭代升级,盈利能力大幅下降,只有被迫退出市场。同时,有的企业也会通过增加产量的方式来抵消环境规制的约束力,但是这又会进一步增加"坏"产出,从而会使政府加大环境治理力度。这种恶性循环显然是不可取的,不仅会增加企业个体成本,而且也会使社会成本不断增加,最终导致社会利益损失。因此,一些学者提出与"遵循成本效应"相对立的观点,即波特假说,并最终发展成为"创新补偿效应"。波特假说指出,环境规制在短期内虽然会使得在位污染企业的利润空间被迫压缩(尽管有些企业在利润空间被压缩后会被迫退出市场,但由于本书所讨论的主题与之关系不大,因此我们不给予过多的解释),但是这个时候如果在位企业选择转变发展方式,并且向科技研发增加资金投入,以及开发一些绿色产品和提高产品质量,不仅会对冲环境规制带来的负向影响,而且还可能会凭借绿色产品占据更多市场,从而实现双赢的局面。实际上,企业增加科技创新投入不仅会使得企业本身产品的质量升级,还会通过技术空间溢出效应促使与其相关的上下游企业采取绿色生产方式。

近些年的研究中,也对"创新补偿效应"进行了相应的探讨。Hojnik 和 Ruzzier(2016)认为环境规制对绿色创新的 R&D 经费投入有驱动作用。命令型环境规制通常与违规惩罚相联系,促使企业兼顾生态效益。蒋为(2015)研究发现,命令型环境规制促使企业进行技术创新投入的可能性更大。费用型环境规制一定程度上给予企业选择污染排放量的自由,为污染损失支付的费用也为污染者提供了创新激励,通过价格控制实现污染控制(Kolstad,2011)。有些费用会通过奖励转移支付给生产企业,也会降低绿色技术创新的研发风险预期。也就是说,这将会提高绿色创新的收入预期,可以推动企业通过研发转变生产方式。Kathuria(2007)指出,虽然公众参与类的环境规制手段不具有强制性,但更能展示企业对待环境问题的态度;产品设计、产品生产的相关技术活动以及产品的绿色销售,对企业塑造绿色环保的形象大有裨益,这些都会刺激企业增加 R&D 经费投入。

综上所述,适当的政府环境规制是有利于增加在位污染型企业的绿色创新投入的,包括购买治理污染排放的机器设备,以及企业内部通过研发技术减少污染的排放量。更为重要的是,可以倒逼在位污染型企业转变发展方式,尤其是在我国生态文明建设的"五位一体"总体布局下推动高质量发展和实现"双碳"目标,需要在位污染型企业增加科技创新投入,遵循新发展阶段居民的基本消费需求,提高产品的绿色质量,实现绿色创新效应。

4.2.4 双向 FDI 机制

1978 年召开的党的十一届三中全会确立了改革开放基本方针,"引进来"成为当时我国发展经济的主要方式,对国民经济增长的推动作用愈加凸显。然而,伴随经济发展水平的提高,我国环境污染问题越来越严重,环境监管也经历了从松到严的过程。从世界经济发展角度来看,我国改革开放时,国际分工基本已经形成,经济体之间的分工是以发达国家为牵引、发展中国家为跟随的"雁阵"分工网络形态。从价值链角度来看,这一时期发达国家产业价值在"微笑曲线"的两端,发展中国家由于主要提供原材料和组装加工的作用处于微笑曲线的中间。

产业尤其是工业中的制造业污染比较严重,因此发达国家保留核心技术在母国,将制造工序转移至中国等发展中国家。这样的分工体系在当时实现了双赢,但是,从环境保护角度看,这是以牺牲环境为代价的发展。根据产品周期理论,经济发展差距大的经济体之间转移的产业多以夕阳产业为主,而且产品更是以低端为主的,这是符合当时我国国情和居民消费水平的,尤其是对于以追求利润最大化为目的的资本方,将这些产业引进,最终使得这些产业得以迅速发展。概括而言:一方面,当时外商投资和产业转移是我国所需要的,并且工业企业的发展改变了我国农业国的基本国情,改变了我国以第一产业为主的产业结构,促进了产业结构的调整和升级,为推动我国工业化和城镇化的进程作出了突出贡献。另一方面,由于资本的逐利性,外商投资和产业转移更多地集中于高污染产业,因为这一时期的这些产业的产品更符合我国居民消费水平,加之当时我国的自然资源较为丰富,因此这一时期我国环境污染加剧。也就是说,外商投资改变了我国产业结构和行业结构,推动生产要素向污染较重的行业转移,粗放型经济增长方式带来了污染。例如,河流由于被污染导致鱼虾等水中生物数量减少,二氧化硫排放量过多导致酸雨,二氧化碳排放量过多导致温室效应,粉尘排放量过多导致雾霾,以及臭氧层被破坏导致紫外线强度增加,等等。面对这些环境问题,我国出台了环境保护相关的法律、制度、政策等。随着政策力度的增加,外商投资在产业间发生转移,我国承接的产业、企业也开始增加科研创新力度和投入,以更好地利用我国的资源。从环境规制角度而言,我国向外输出资本与外商向我国投资的情形相类似。在我国政府环境规制强度增加时,我国的资金也会向外输出,产业会向外转移,其中就包括污染比较重的产业。这样一方面可以调整我国产业结构,主要是污染性产业向绿色清洁型产业转型升级;另一方面,如果污染产业不能够转移出去,也会倒逼产业进行绿色技术创新,进而减少污染物的排放。

因此,当东道国或母国的环境规制强度相对较低时,双向 FDI 机制会导致污染密集型产业在该国不断增加,产业结构趋于重污染化,对绿色创新造成显著负向影响。Copeland 和 Taylor(1994)、Cole 等(2010)指出,政府环境治理存在的差异,会导致双向 FDI 与绿色创新产生非线性的关系。当环境规制强度较低时,双向 FDI 对绿色创新的影响,实际上是在一定的环境规制强度下比较迁移成本与污染成本,若迁移成本大则选择留在母国,若污染成本大则选择将污染企业迁去东道国。当东道国政府环境规制强度比其他地区低,再加上劳动力、土地等生产要素价格不高时,国外企业会选择在此投资设厂,最终引起该国环境污染集聚程度不断提高,进而成为"污染天堂"。同样地,如果母国的政府环境规制强度不高于其他国家,再加上迁移成本高于所需劳动力、土地等生产要素的价格,该国就不会将企业迁移出去。如果东道国政府的环境规制强度提高,环境监管愈发严格,就会迫使外来企业在生产过程中必须使用更先进的清洁技术。最终的结果是,在减少污染的同时也会促进东道国清洁技术的进步,并且清洁技术所产生的外部性也会促进东道国产业结构升级。当母国环境监管严格后,为达到减少生产成本的目的,OFDI 企业通常会将污染密集型等类的低端产业转移到环境规制强度较低、监管较松的国家,开辟新的"污染天堂"。随之而来的是,高技术型、清洁型产业就会留在母国,逐渐形成产业集聚,从先进国家学习借鉴高科技含量的清洁型生产技术足以满足环境监管要求。因此,当环境规制强度较高时,双向 FDI 在该国会形成高技术、清洁型产业集聚,带动该国产业升级,提高绿色创新效应。

综上,当东道国或母国环境规制强度相对较低时,双向 FDI 会导致污染密集型产业在该国不断增加,产业结构趋于重污染化,对绿色创新造成显著负向影响;当东道国或母国环境规制强度较高时,双向 FDI 在该国会形成高技术、清洁型产业集聚,带动该国产业升级提高绿色创新效应。

5 我国环境规制体系发展历程及实施效果

5.1 我国环境规制体系发展历程

我国的环境规制体系发展历程大体可以分为以下五个阶段：初步探索期（1949—1972 年）、初步确立期（1973—1991 年）、快速发展期（1992—2001 年）、逐步完善期（2002—2012 年）和逐步深化期（2012 年至今）。

5.1.1 第一阶段：初步探索期（1949—1972 年）

这一阶段，我国的基本战略以工业化和城镇化为主，而且为了改变农业国的基本国情还实施了重工业优先发展战略。也就是说，这一时期我国主要以发展工业为主，而且又以重工业率先发展。这一时期大体上又可以分为两个阶段：自中华人民共和国成立至"一五"计划前期，我国主要以恢复国民经济为主,因此对资源的开发和环境的破坏并不严重;第二阶段,也就是1953年至1972年,为了发展经济,自然资源的开发力度逐步增大,环境的破坏程度逐渐增加。从当时我国的国情来看,工业中的轻工业占70%左右,重工业所占比例不到三成,这无论是对于经济还是政治而言都是不利的。因此,此时期我国效仿苏联确立了重工业优先发展的战略。但是,在这一过程中,重工业的发展需要资金,而资金的来源在当时除了借款之外只有从农业那边通过"剪刀差"的方式获得。农业的发展方式主要以开垦荒地、林地等为主,这样对自然环境造成了极大的破坏。与此同时,由于我国当时的工业技术水平不高,资源的利用率较低,污水、废料和二氧化硫等污染性气体乱排乱放,破坏了自然环境。这一阶段,一些生态文明建设思想提出,比较有代表性的有资源综合利用、增产节约等。例如,毛泽东提出水、煤矿等自然资源要综合利用,从开发和利用资源两个维度对环境进行保护,不仅恰当地处理了经济发展和环境保护的短期利益关系,还为子孙后代生存和发展的长远目标起到了正向引导作用。除了提出"综合利用,变害为利"的节约主张之外,还通过开展增产节约运动等举措实现对环境的保护。具体体现在:首先,在农村地区建立产业合作组织,并且要求农林牧副渔业综合发展以充分利用农业现有资源,这样既能统筹兼顾实现生态发展、保护环境和科学合理地调整农业产业结构,以及综合平衡发展经济,体现出具有整体思维和全局意识的社会发展观。其次,规定城市建设不进行大规模的新建,只是对现有城市房屋与建筑进行修补,取消一切不急需的建筑工程。这在一定程度上减少了林木的砍伐和房屋建筑所需的砖瓦材料的烧制而引起的污染气体排放。最后,在工业企业方面,虽然已经取得很多成绩,但是浪费资源的现象仍然很多,因此要求工业企业改进经营管理,提高设备利用率,而且要加强技术管理工作,提高产品质量,以减少次品、废品的产生。这一时期,在计划经济体制下,虽然环境规制处于空白阶段,而且重点在于防治工业污染,但是已经出台了相关文件,明确提出和规定环境如何开发和保护,相关部门也已经成立。1953年,由劳动部门颁布了《工人安全卫生暂行条例》,该条例重点关注大气污染的防治。1955年由卫生部门颁发的《自来水水质暂行标准》则关注水污染问题。1957年,国务院发布的《关于注意处理工矿企业排除有毒废水废气问题的通知》,综合了废水和废气的排放问题,对在经济资源开发过程中的环境保护做了明确规定。1956年和1957年我国制定出台了关于噪声污染的条例和准则,如《工厂安全卫生规程》《中华人民共和国治安管理处罚条例》等。从以上条例、准则等可以看出这一时期我国对环境治理的规范化。应该明确的是,这一时期的环境规章制度仍然处于探索中,为当时资源的开发利用和环境保护起到重要作用,并为未来环境规制的出台和完善提供了经验基础,然而这些条例、准则等并未实实在在地满足环境保护的需求。

这一时期工业生产的发展,主要靠的是粗放型发展方式。从经济效益角度来看,改革开放前我国经济发展水平并未有显著提高。从资源利用效率角度看,资源消耗率远高于经济增长率,这说明资源利用率比较低。简言之,这一时期虽然我国已经颁布了环境污染治理的规章制度,但治理体系不完善和生产力水平低的基本国情决定了政府环境规制对技术创新的作用较小。

5.1.2 第二阶段：初步确立期(1973—1991 年)

20 世纪 60 年代和 70 年代,随着国际工业化进程的推进,环境污染程度不断加深,人们的环境保护意识逐渐加强,基于此,环境相关的国际会议接连召开,这也促使我国环境规制体系初步确立。

1972 年召开的联合国人类环境会议通过了《联合国人类环境宣言》,标志着国际社会对环境保护的重视不断加深并给予实际行动。我国积极参与国际环境会议,从国外的案例中借鉴经验,以及我国在社会主义建设过程中出现的空气污染、水污染、噪声污染等环境问题,促使我国对环境保护的认识程度加深,包括认识到环境保护问题不是环境卫生问题。从上一阶段的分析可以清晰看到当时在我国环境保护问题被视为环境卫生问题,而且环境治理相关部门更多的是以卫生部门为主,实质上这是对环境保护认识的不足,进而导致环境污染问题不能被很好地解决。环境保护不仅仅只限于卫生方面,它还存在于国民经济各方面。

1973 年,第一次全国环境保护会议召开。这次会议不仅标志着我国环境规制体系正式确立,而且会议上通过的《关于保护和改善环境的若干规定(试行草案)》也为我国在经济社会建设与发展过程中如何保护环境明确了方向和准则。该项文件的内容基本上可以用 32 个字来概括,即"全面规划、合理布局、综合利用、化害为利、依靠群众、大家动手、保护环境、造福人民"。下面对前 4 个方面进行阐析:全面规划意味着各部门在制定国民经济规划、计划过程中,要将发展生产与环境保护统筹统一和全面安排,坚持"一盘棋"思维方式处理二者关系,不能将二者去其一。因此,在对资源的开发和利用中,要考虑到树木砍伐、矿产开采等经济活动对水质、空气的影响,兼顾短期与长期利益,不能一叶障目,只看到局部而忽略了全局。合理布局指城镇建设和工厂如何选址,其一是在城镇建设中要以小城镇为主,同时要求严格控制城市的人口规模,避免人口过于集中而导致污染集聚,增加环境治理难度;其二是工业的布局方面,污染型企业的选址要更多注意自然风向、上下游关联和是否在城镇中心,对于一些污染危害较大的企业要求进行迁移,以避免污染的集聚和消除烟尘等有毒气体。综合利用、化害为利的实质在于改革生产工艺和提高技术水平,提升经济资源的利用效率和减少污染的排放,例如一些工业企业生产的残渣、废渣可以用于农业的饲养业。对于在生产过程中污染特别严重的工厂,在得到允许后可以暂停营业,从而减少污染治理的难度。

1978 年,我国宪法对环境保护进行了相关规定。1979 年,国家出台了《中华人民共和国环境保护法(试行)》,标志着环境保护法律体系开始建立,为环境保护提供了法律依据。1982 年,后国务院依据上述法律相继制定和颁布了《征收排污费暂行办法》等,这些文件更具有针对性,详细地规定了相关问题的处理准则。1983 年,第二次全国环境保护会议召开,会议上确定了环境保护工作以防治为主和"谁污染谁治理"等原则。1984 年,国务院发布了《关于环境保护工作决定》,主要内容包括:要成立国务院环境保护委员会,明确了该部门的具体职能和主要任务;经济效益差、污染严重的企业要进行整改,甚至要停工停产;等等。1990 年,国务院颁布了《关于进一步加强环境保护工作的决定》,对改革开放中进一步做好环境保护工作做出相关决定。可以看到,环境规制的重要性逐步提升,由颁布准则条例上升为出台国家法律制度和基本国策,这意味着环境保护的规范化、法律化、制度化。这是着眼于改革开放初期我国环境污染已经非常严重且在社会主义初级阶段科技水平局限性很大的实际情况实现的转变,将行政手段和法律手段等相结合,进而实现环境的保护和治理,最大程度上解决污染带来的消极影响。

在环境规制的制定过程中,相关部门也逐步建立,并行使其职责。上一时期,环境条例和准则的制定和颁布主要以卫生部门、劳动部门为主,而在这一时期国家则设置了专有的部门单位来制定相关政策、方针。1971 年,成立了国家计委环境保护办公室,这是我国政府机构名称中第一次出现"环境保护"字样。1973 年成立了国务院环境保护领导小组办公室,主要职责在于督促地方相关环境保护部门的成立,要求其负责本地的环境保护和治理工作,而且要统筹各地方之间的环保工作,协调彼此之间的利益关系。1982 年成立城乡建设环境保护部,不仅使得环境保护部门独立,而且更为重要的是结束了长期以来环境保护部门的临时状态,也结束了多部门共存导致的政令不统一问题。这从 1984 年发布的《关于环境保护工作决定》中也可以看出,包括成立国务院环境保护委员会,规定各部门在环保中的职责分工和成立相关部门,各省、市、县以及大中型企事业单位均要设置专门机构,等等。1984年 12 月,国家环境保护局成立。1988 年,国家环境保护局成为国务院直属机构,进一步确定了环保部门的责任和地位。1989 年 12 月颁布的《中华人民共和国环境保护法》,明确了机构层级清晰、监管统一和各层级相互配合的环保机制。从上述演变过程中可以看到,国家对环境保护的重视程度在逐渐提升,环保部门的设置也为在国民经济发展过程中处理"三废"等问题提供了便利和保障。总体而言,这一阶段的环境规制体系已初步搭建,既为环境的治理提供了法律支持,使其"有法可依"、"有法必依"和"违法必究",也有利于更好地处理环境污染问题,实现对自然资源的保护与合理开发,处理好当代人与后代人的关系。

5.1.3　第三阶段：快速发展期(1992—2001 年)

20 世纪 90 年代初期,我国经济建设进入快速发展时期。1992 年 10 月党的十四大召开,邓小平提出建设有中国特色社会主义理论,指出我国仍然处于社会主义初级阶段,生产力发展是低水平的,国家政策的制定要以此为出发点;强调把发展生产力放在重要地位,集中力量发展生产力,解决人民对物质的需求旺盛与供给不足的矛盾;提出"两个大局"战略思想;提出先富带动后富,最终实现共同富裕。与此同时,党的十四大报告调整了我国 20 世纪 90 年代的经济发展速度,把原定的国民生产总值平均每年增长 6％调整至 8％～9％。基于此,地方发展经济的热情高涨,积极引进外资和投建大项目。然而,随之而来的不仅是工业的快速发展和经济的高速增长,还有重复建设盛行,以及环境问题严重。例如,由于工厂和其他企业废水的大量排放,导致一些河流河道内污染严重,水中生物物种减少甚至灭绝,而且河水污染严重也造成了沿岸地区饮用水水质下降,给人民生命健康带来了威胁;二氧化硫、二氧化碳等废气和粉尘不受控制地胡乱排放,一些地区特别是资源型城市有较严重的雾霾,空气质量下降,居民的呼吸疾病发病率提升。这些在经济发展过程中存在的污染问题,要求政府出台相关的环保规章制度,并在此基础上强化环境保护和治理的能力。国民经济要持续、快速、健康发展,也就是说国民经济发展不仅要求速度,也要注重效益,不能引起经济过热并导致通货膨胀等发生。要推进经济增长方式改革,把经济效益作为经济建设的中心,意味着抛弃传统的依靠增加资源的投入数量忽略产出效益的粗放型发展路子,而是要向依靠科学技术和提高劳动者技能等,推动经济增长方式向集约型转变;新建项目要以高技术产业为主,发挥规模经济和效益经济。1997 年召开的党的十五大再次强调,要在根本上转变经济增长方式,改变投入与消耗高、收益与产出低的实际情况,走出一条兼具速度较快、效益较好、整体素质不断提高的发展之路。

1992 年,在里约热内卢召开的联合国环境与发展会议,明确提出可持续发展的概念,"高消费、高生产、高污染"的传统经济增长方式被否定。此次会议上通过的《里约环境与发展宣言》《关于森林问题的原则声明》等文件对世界各国的环境规制的发展具有重要影响。同年 9 月,我国发布了中国环境与发展十大对策,可以将其内容概括为:实施可持续发展战略,重申"三同步"制度;坚持污染者付费的原则等措施,防止和治理工业污染;综合整治城市环境;提高资源利用率;推动生态农业的发展,植树造林;推动科技进步,发展环保产业;加强运用经济手段对环保工作的治理;做好宣传工作;健全环保法制;遵循大会精神,制定符合我国国情的环保计划。1996 年 7 月 15 日,第四次全国环境保护会议召开,会议将生产力和环境保护放置在同等地位,指出"保护环境的实质就是保护生产力",且提出了到"九五"末期,全国自然保护区面积力争达到国土面积 10% 的目标。此次会议还确定了"污染防治和环境保护并重"的方针,并且通过了《关于加强环境保护若干问题的决定》。同年 9 月 3 日,国务院批复《国家环境保护"九五"计划和 2010 年远景目标》。该文件确定了两个目标：到2000年,我国要基本建立比较完善的环境管理体系和与社会主义市场经济体制相适应的环境法规体系；到2010年,可持续发展战略得到较好贯彻,环境管理法规体系在前阶段基础上得以进一步完善,而且环境质量有明显改善,建成一批经济快速发展、环境清洁优美、生态良性循环的宜居城市。文件还确定了"九五"期间环境保护主要计划指标,例如1995年烟尘排放量为1744万吨、工业废气处理率提高至74%、森林覆盖率增加至13.95%;确立了环境保护的主要方针政策,基本方针为坚持环境保护基本国策,推行可持续发展战略,贯彻"三同步"方针,实现经济、社会、环境效益"三效益"的有机统一;制定了主要任务和环境保护投资需求,明晰了在环境保护治理过程中的投资分配。在环境法律法规方面也不断完善,制定和修正了与该阶段经济体制改革目标相适应的法律,主要有《中华人民共和国水污染防治法》《中华人民共和国环境噪声污染防治法》《中华人民共和国大气污染防治法》等。与此同时,环境管理机构也在不断改革,1993年增设全国人大环保委员会,填补了立法机构的缺失,至此也逐渐形成了立法、制定实施和监督的科学环保机构体系。整体而言,这一阶段的环境保护指导思想得到升华,由以前更多以注重防止工业污染为主要对象的政策转变为综合治理,对象更加宽泛;将改善生活环境和生态环境相结合,完成了由只关注自然环境保护向共同关注居住环境和自然环境的转变,促进人与自然和谐相处,认真贯彻实施可持续发展战略。简言之,对比上一阶段,这个时期我国环境规制的体系更加成熟。然而,不得不承认的是,这一阶段的环境规制体系仍然是不完善的,政策之间相互冲突,管理职能交叉和重复,部分文件的可操作性不高。因此,在环境保护的基本国策下,还需坚持贯彻可持续发展战略,并结合经济体制改革目标,不断完善环境保护制度,加快推进我国经济增长方式转变。

5.1.4 第四阶段：逐步完善期(2002—2012年)

党的十六大报告提出了全面建设小康社会,目标之一的部分内容为可持续发展能力不断增强,推动整个社会走上生产发展、生活富裕、生态良好的文明发展道路;在经济建设中,走新型工业化道路,构建以高新技术产业为先导的产业结构升级方向,并充分发挥科学技术进步的作用,进而提高资源的利用效率,达到人与自然和谐相处。2003年,胡锦涛提出科学发展观,基本含义是以人为本,以及全面、协调、可持续。其中,可持续表明人与自然应和谐相处,意味着资源开发和经济发展过程中要尊重与敬畏自然及遵循自然规律,处理好发展与资源利用、环境保护之间的关系,最为关键的在于转变经济增长方式。2004年3月,中央人口资源环境工作座谈会提出了要彻底改变粗放型的增长方式,这为环境规制工作提供了指导思想。2005年,胡锦涛在中央经济工作会议上指出"坚持把推进结构调整和转变增长方式、实现总量平衡作为搞好宏观调控、促进科学发展的重要着力点",意味着将转变增长方式作为宏观调控的重要内容和手段,进而从宏观上指导国民经济发展。2006年党的十六届六中全会召开,指出扎实促进经济又好又快发展,由此可以看到经济发展指导思想已经发生了转变,即从"又快又好"转向"又好又快",以前我国抓住了战略机遇大规模进行投资建设,经济快速发展,但是质量效益低下,而从此时开始首要强调资源节约、环境友好、质量提高,在此基础上促进经济快速发展,转变经济增长方式已然与经济发展方式内涵相统一，真正地体现了以可持续发展为基本内容的科学发展观的思想。党的十七大再次强调"促进国民经济又好又快发展"，并且说明了促进经济又好又快发展的具体方法，首先是自主创新能力的提高，只有科技水平和劳动者素质的提高才能在根本上转变高投入、高污染的传统经济增长方式，因此应加大自主创新投入和突破关键技术。其次是推动产业结构升级，发展高新技术产业及用信息化技术赋能资源密集型产业，提高传统工业与制造业的发展方式。再次，坚持资源节约和保护环境的基本国策，进一步提高可持续发展能力是处理经济社会发展与环境之间关系的总体战略。这就要求环境保护不仅是工业企业在生产过程中要努力达到国家环境治理标准，而且也需要每个家庭在生活中承担相应的义务和责任，进而为环境保护作出贡献。2009 年党的十七届四中全会召开，胡锦涛强调要更加注重加强节能环保，这为后国际金融危机时期实现国民经济又好又快发展提供了指导思想。

这一阶段，我国对外开放程度显著提高，而且随着国际产业转移的战略机遇，利用外资的总量不断扩大，产业结构迅速调整，工业化进程不断加快。然而，由于这一时期国际产业转移的更多是发达国家和地区的污染性产业，即使在我国投资设厂也更多倾向于利润高、风险小的资源密集型产业。正是由于钢铁、化工等高污染重工业的再一次兴起，以及"洋垃圾"等有害物质在我国的倾倒，致使我国的生态环境进一步恶化。这也更加暴露了我国环境规制体系的不完善，亟需进一步加强环境管理和环境规制体系的调整和完善。2002 年 1 月，第五次全国环境保护会议召开，会议主题是贯彻落实《国家环境保护"十五"计划》。该计划中提出了工业防治污染、城市与农村环境保护、生态环境保护等主要任务,并且提出了保证规划实施的 10 条措施。同年 10 月修订通过的《中华人民共和国环境影响评价法》,一定程度上从根源上缓解了环境污染问题,该法规定,首先要根据建设项目或规划实施后给环境带来的影响进行预测评估,然后再提出预防措施,最后进行监督,从实际上改变了以前"预防为主、防治结合"与"谁污染谁治理"的事后处置方法,使得环境规制体系更具有前瞻性。2003 年,国务院颁布《排污费征收使用管理条例》。2004 年,排污许可制度正式推行,不再主要依靠行政命令,将市场化要素纳入进来,充实了国家管理环境保护工作的手段。2005 年,国务院发布了《关于落实科学发展观加强环境保护的决定》,明确规定了资源和承载力相异的地区定位要有所不同,通过将地区的经济发展规划和功能区划分有机结合,积极调整产业结构,促进经济发展和环境保护协同发展、人与自然共生。2006 年,第六次全国环境保护大会召开,提出了具有全局性、根本性的三个重要转变,核心为摒弃传统的以牺牲环境换取经济增长的做法,这是环境规制体系的重大创新。随后,多项文件发布,包括《规划环境影响评价条例》(2009 年)、《环境行政处罚办法》(2009 年)。2011 年,国务院印发《关于加强环境保护重点工作的意见》,这是开创环保工作新局面的纲领性文件。

在环境管理机构改革方面:2002 年召开的第五次全国环境保护会议将环境保护作为政府一项重要职能。2008 年,国家环境保护总局不再保留,组建中华人民共和国环境保护部,职责为建立健全环境保护基本制度、承担国家减排目标、环境问题监管等。

5.1.5 第五阶段：逐步深化期（2012 年至今）

党的十八大报告提出,全面推进包括生态文明建设在内的"五位一体"总体布局;强调推动资源节约型和环境友好型社会建设取得进展,其中主体功能区布局基本完成,充分发挥各功能区功能与合理分工;降低国民生产总值的单位能耗,减少粉尘和有毒气体的排放量,运用技术提高污染物综合利用率;提高森林覆盖率和增加国土绿色面积,构建适宜民众生存发展的生态系统;经济社会发展过程中,将科学发展放在突出的位置,以高质量发展和提高效益作为基本立足点;构建现代产业新体系,通过要素升级推动产品质量升级。2013 年通过的《中共中央关于全面深化改革若干重大问题的决定》,指出要建成人与自然和谐发展的现代化建设新格局。可以看到,与以往不同的是,这一阶段更强调生态文明与环境保护制度、体制机制的建设,环境规制体系更加规范化、制度化和具有科学性。2015 年,党的十八届五中全会召开,习近平提出"五大发展理念"。其中:"创新"发展理念彻底改变了我国传统发展方式,指出了我国在新的历史时期的发展动力所在;"绿色"发展理念体现了人与自然和谐相处,要求提高环境质量,打造宜居条件。在"五大发展理念"指导下,2017 年召开的党的十九大提出在高质量发展阶段生态文明建设的主要措施,宏观层面主要包括深化供给侧结构性改革,具体措施为着力解决突出环境问题等。2020 年 10 月,党的十九届五中全会审议通过了《中华人民共和国国民经济和社会发展第十四个五年规划和 2035 年远景目标纲要》（以下简称《纲要》）。《纲要》中提出了推动绿色发展的内容包括提升生态系统质量和稳定性,着力点在于提升生态系统的自主恢复能力；持续改善环境质量，打好污染防治攻坚战，建立科学合理的治污系统，减污降碳同步进行；加快发展方式绿色转型，发展数字经济，改变生产生活方式，降低碳排放。

随着对环境保护认识的不断加深，我国环境治理不断取得优异成绩，这不仅有利于我国环境质量提升，同时让我国也为世界环境治理作出了突出贡献。并且，随着我国整体工业化、城镇化进入后半程，对国际产业转移的污染性强的制造业引进越来越少，以及科教兴国战略的实施，为我国经济发展提供了科技创新、高素质人才等现代生产要素，提高了资源利用效率和全要素生产率。然而，不得不承认的是我国当前面临的生态环境压力依然很大，包括：中西部地区城镇化、工业化仍然处于加速阶段，功能区布局仍然在不断调整；产业结构处在变动关键期，高技术产业竞争力不足，僵尸产业和落后产能淘汰速度趋缓；草原生态并没有从根本上转变；等等。这些问题的存在，需要党和国家进一步制定相关规制予以治理。2013年，我国又制定颁布了《环境监察执法证件管理办法》，取代《环境监理执法标志管理办法》。2015年1月，2014年修订通过的《中华人民共和国环境保护法》施行，其意义在于为可持续发展提供保障，并且对企事业单位的排污行为起到监督作用。同年4月，中共中央、国务院发布了生态文明建设的纲领性文件——《关于加快推进生态文明建设的意见》，确定了生态文明建设基本原则，包括12字方针、基本途径和基本动力，且明确了至2020年的主要目标。同年9月，《生态文明体制改革总体方案》发布。这些文件的发布有利于加快推动生态文明体系建设。2018年，第八次全国生态环境保护大会召开，习近平强调生态文明建设是关系中华民族永续发展的根本大计。会议上制定了生态文明建设的目标，即到2035年我国的环境质量根本上改善,美丽中国基本建成。会议明确了推进生态文明建设需要坚持六大原则,改变前期生态保护的方针,将其转变为"节约优先、保护优先、自然恢复",可见这方针将人类环境保护行为和自然恢复能力相结合,将发展建设与生态文明很好地结合在一起。确立了"绿水青山就是金山银山"的理念,明确了生态文明建设不仅是工业企业和管理部门的责任与任务,也是全民的义务。2020年9月,习近平在第七十五届联合国大会上提出"碳达峰"和"碳中和"的"双碳"目标,这既反映了2016年《巴黎协定》签署后全球绿色低碳转型的大方向,表明了我国作为大国的担当,而且为我国实现高质量发展提供了重要抓手。2021年,我国发布的《中国落实2030年可持续发展议程国别自愿陈述报告》向国际展示了我国在环境保护、生态文明建设等方面领域取得的成就,分享了经验做法,为全球污染治理和环境保护体系建设提供借鉴。2022年1月24日,习近平强调实现"双碳"目标中要处理好发展与减排、整体与局部、长远与短期目标、政府和市场等四对关系,以及加强统筹协调、推动能源革命、推进产业优化升级、加快绿色低碳科技革命、完善绿色低碳政策体系,以及积极参与和引领全球气候治理。同年,我国又颁布了《高耗能行业重点领域节能降碳改造升级实施指南(2022年版)》《"十四五"节能减排综合工作方案》等文件,增加了环境规制体系的相关内容,有利于加快我国生态文明建设。2023年,中共中央总书记、国家主席、中央军委主席习近平出席全国生态环境保护大会并发表重要讲话强调,今后5年是美丽中国建设的重要时期,要深入贯彻新时代中国特色社会主义生态文明思想,坚持以人民为中心,牢固树立和践行绿水青山就是金山银山的理念,把建设美丽中国摆在强国建设、民族复兴的突出位置,推动城乡人居环境明显改善、美丽中国建设取得显著成效,以高品质生态环境支撑高质量发展,加快推进人与自然和谐共生的现代化。在环保机构改革方面,2018 年,中华人民共和国环境保护部撤销,设立中华人民共和国生态环境部,赋有污染物排放监管等职责,且新增生态恢复职能。职能的变化使得相关部门可以统一管理环境污染等问题,强化管理的系统性、唯一性,避免各部门之间权责不明、办事效率低的情况。

5.2 环境规制的效果

5.2.1 环境治理固定资产投资时间与空间变化特征

随着环境治理制度、机制建设逐步完善,我国环境治理的投资也在逐年增加,下面主要从绝对量和相对量两个角度来说明。图 5-1 显示了我国 2003—2017 年水利、环境和公共基础设施管理业固定资产投资总额及其所占固定资产总额的比重的变化情况。从水利、环境和公共基础设施管理业固定资产投资总额绝对量呈现逐年递增趋势,总体来看 2017 年较 2003 年增加了 7774030.38 万元,前者是后者的 18.81 倍,年均增长 23.3%。从相对量来看,水利、环境和公共基础设施管理业固定资产投资总额占固定资产总额比重总体呈现"上升—下降—上升"的特征,而且 2017 年比重是 2003 年比重的 1.63 倍。2003—2010 年总体呈现上升趋势,说明这一阶段的环境治理基础设施等固定资产投资受到国家的关注与重视。2010—2012 年曲线向下凹陷,说明相对而言在环境治理过程中的环境基础设施等固定资产投资总额有所降低,这可能导致环境污染加重。2013—2017 年曲线呈现上扬趋势,意味着新时期以来国家对环境治理的能力和决心不断增强。但是,不能忽略的是我国在环境治理过程中对环境基础设施等固定资产的投资额仍是比较低的,即使是在 2017 年也仅为 12.8%,这无疑说明了我国在环境治理方面仍然需要加大投入。《关于加快推进城镇环境基础设施建设的指导意见》《"十四五"节能减排综合工作方案》等文件的发布,为我国进行环境治理工作提供了指导性纲领文件,应据此加快推进生态文明建设。

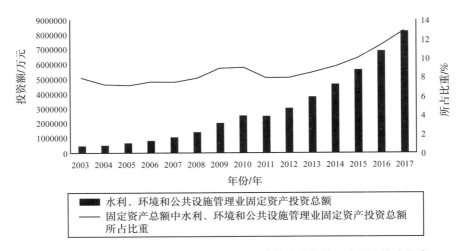

图 5-1 我国 2003—2017 年水利、环境和公共基础设施管理业固定资产投资总额及其所占固定资产总额的比重变化情况

5.2.2 环境污染治理投资额空间变化特征

　　由于工业是我国污染物排放的重要行业,下面以工业污染治理为例论述我国环境污染治理投资额的空间变化特征。图 5-2 显示了我国 2005—2019 年工业污染治理投资总额空间变化特征。从图中可以看出,考察期内我国工业污染治理投资总额总体呈现"东高西低"的特征,即东部地区投资总额最多,其次是中部地区,位居后两位的是西部和东北地区。横向对比来看,2005 年东部地区环境污染治理总额最多,东北地区居于第二位,西部地区最少,东部地区是西部地区的 3.71 倍。主要的原因在于东部地区靠近沿海地区,可以借助地理优势和国家政策成为经济发展集聚地。此外,东部地区不仅汇聚了大量本国资金和外国资金,教育资源也大都集中于此,为其提供了技术和高素质劳动

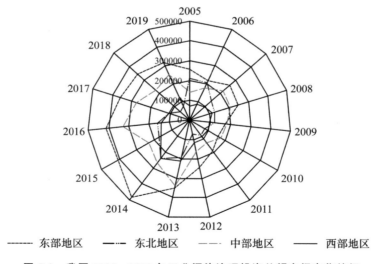

图 5-2　我国 2005—2019 年工业污染治理投资总额空间变化特征

力。与此同时,东部地区承接了国际转移产业,也为其工业化提供了条件。正是由于东部地区的工业化、城镇化处于四大地区先列,同时期环境污染更严重,更为重要的是居民对幸福生活的追求,使得政府对东部地区环境污染治理投资总额力度加大。东北地区与之相似,由于该地区是以重工业发展为主的地区,环境污染较其他地区严重,政府环境污染治理投资总额处于第二位。西部地区还处于工业化和城镇化中期,加之"GDP锦标赛"等的存在,当地政府更多关注地方经济发展而忽略对环境的保护。2019年,东部地区的工业污染治理投资总额仍居于四大地区中的第一位,中部地区位于第二位,西部地区和东北地区位于第三、四位。其中:东部地区的工业污染治理投资总额是西部地区的2.73倍,说明二者的差距在缩小;东部地区的工业污染治理投资总额是东北地区的4.28倍,不仅意味着两地区之间的差距在扩大,同时也说明全国总体污染治理总额也在扩大,投资总额差距的扩大可能会导致污染总量的加大,导致环境质量下降,阻碍我国生态文明建设进程。纵向对比来看,四大地区在总体上均呈现"上扬—下落"的特征。2005—2019年,东部地区工业污染治理投资总额呈现"上升—下降"的特征。2005—2014年,东部地区工业污染治理投资总额呈现递增趋势,并在2014年达到最大值,与2005年相比增加了225220.9万元,是2005年的1.88倍;2014—2019年,东部地区工业污染治理投资总额逐渐递减,2019年相比2014年下降了164776.9万元。可能的原因在于当地企业在生产过程中对技术水平的提高,以及当地在政府环境治理压力和其他地区产业政策引导下将污染性产业进行了转移,减轻了地区环境污染,从而使得工业污染治理投资额减少。其他三个地区投资总额整体趋势与东部地区相似,但不同的是中、西部地区在2014年出现高值后下落速度很慢,而东北地区下降速度很快。可能的原因在于,中西部地区教育、科技水平等力量相对较弱,产业多以资源型产业为主,而且从我国产业转移类别情况也可以看出,中西部地区承接的东部地区转移产业和国际转移产业多以资源、劳动、污染型产业为主,这无疑加重了地区环境污染物排放,使得环境治理投资总额增加。

5.2.3 工业主要污染物排放时间与空间特征

上一小节分析了我国工业污染治理投资总额在时间和空间上的变化特征,这一小节与下一小节主要说明我国环境治理的成效。从图 5-3 (a)中可知,从时间维度来看,样本考察期内,四大污染物中化学需氧量排放量、二氧化硫排放量、氨氧化物排放量整体呈现减少趋势,烟粉尘排放量时间变化特征总体表现为先上升后下降,这说明了我国的工业污染治理成绩显著。化学需氧量排放量时间变化特征总体表现为逐年下降,2019 年排放量减少至 771613 吨。二氧化硫排放量、氨氧化物排放量时间变化特征总体呈现"上升—下降"的特征,可以分为两个阶段:2009—2011 年平缓上升,且在 2011 年出现样本区间内的最大值;2011 年之后,表现为下降趋势,尤其是 2015—2016 年断崖式下滑,2019 年排放量最低。烟粉尘排放量在考察期内总体呈现先上升后下降的特征。2009—2014 年排放量逐年增加,在 2014 年达到最大值点,相较 2009 年增加了 9323344 吨;2014 年之后烟粉尘排放量平缓减少,但下降幅度较小;2014—2019 年虽下降了 5302058 吨,但仍比 2009 年高出不少。由此可见,烟粉尘治理任务任重而道远,仍需要加大治理力度。就四大污染物治理难度而言,首先是化学需氧量排放量,其存量最少,治理比较容易;其次是氨氧化物排放量,虽然 2016 年之前排放量一直居于第一位,但是 2017 年之后排放量迅速下降至第三位;再次是二氧化硫排放量,在考察期内基本位置不变;治理难度排在第一位的是烟尘排放量,从图5-3中可以看到 2014 年之前其排放量仅比化学需氧量排放量多,至 2016 年之后迅速成为排放量最多的,是氨氧化物排放量的 265.23 倍。这不仅意味着我国环境污染治理难度增加,而且也表明了今后我国环境污染治理的重点方向。

下面从空间维度来阐述。图 5-3(b)显示了 2009—2019 年我国东部、东北、中部、西部四大地区化学需氧量排放量空间变化特征,可见四大地区的差距基本呈现由大到小的特征。中部地区相较于其他三个地区而言,化学需氧量排放量在 2016 年之前一直处于第一位,2016 年之后排放速度有所放缓且总量降至第二位,与 2009 年相比 2019 年减少了很多。东部地区化学需氧量排放量在 2016 年之前一直处于第二位,2016 年之后排放速度放缓但总量增加至第一位。2019 年东部地区与中部地区化学需氧量排放量相差 4849.03 吨,表明东部地区化学需氧量排放量的治理需要加大力度。东北地区化学需氧量排放量 2009—2016 年下降速度最快,2016 年之后排放速度放缓,排放总量增加至第三位。西部地区化学需氧量排放量在 2009 年—2016 年中的大多数年份处于第三位,2016 年之后处于第四位,2019 年与处于第一位的东部地区相比总量相差 18057.03 吨,这意味着西部地区在化学需氧量排放量治理方面成绩显著。图 5-3(c)显示了 2009—2019 年我国四大地区氨氧化物排放量空间变化特征,整体来看四大地区的排放总量差距逐渐缩小,呈现"喇叭状";具体数值为 2009 年最大差距为 10132.93 吨,2019 年最大差距缩小至 717.20 吨。从图中可以看到,2009—2017 年中部地区排放总量最大,同时排放量下降速度也最快,其间总量下降了14949.75吨,年均下降速度为161.50%,可见中部地区环境治理的成效;其次是东部地区,氮氧化物排放量在2009—2017年总是处于第二位,2017年之后处于第一位。东北地区上升至第三位,而西部地区则下降至第四位。图5-3(d)显示了2009年—2019年我国四大地区二氧化硫排放量空间变化特征,地区之间的差距逐年变小。整体上看,该方面地区之间的差距明显小于氮氧化物排放量地区之间的差距,2009年中部地区与东北地区排放量相差177166.67吨,2019年东北地区和东部地区相差32436.53吨。四大地区中中部地区的二氧化硫排放量一直居于高位,下降速度也最快,且在2018年排放量降至第二位。东部地区二氧化硫排放量在2015年之前一直处于第二位,之后排放速度加快且在2017年转变为排放最少的地区,这与地区绿色创新有着显著关系。东北地区的二氧化硫排放量2018年之后由最后一位转变为第一位,表明东北地区在二氧化硫治理上仍然要加强力度。西部地区二氧化硫排放量逐渐减少,与其他地区相比位置基本不变。图5-3(e)显示了2009—2019年四大地区烟粉尘排放量,可以看出总体呈现中间高两端低的变化特征,而且即使在下降阶段四大地区的排放量仍然要高于前期的排放总量;四大地区间的差距由2009年的202100.00吨减少至2019年的169151.37吨,在四个主要污染物排放量的四大地区间的差距中是最少的。具体而言:中部地区烟粉尘排放量在四个地区的烟粉尘排放量上升阶段处于第一位,在下降阶段处于第二位;东北地区由原来的第二位上升为第一位;西部地区则由原来的最后一位上升至第三位;东部地区变化较小,烟粉尘排放量下降速度加快,2016年之后排放量最少。

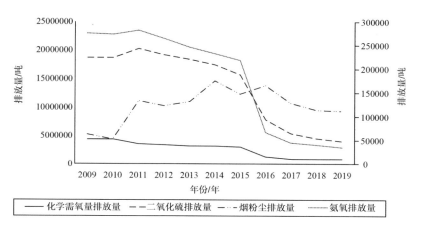

（a）全国主要污染物排放量时间变化趋势

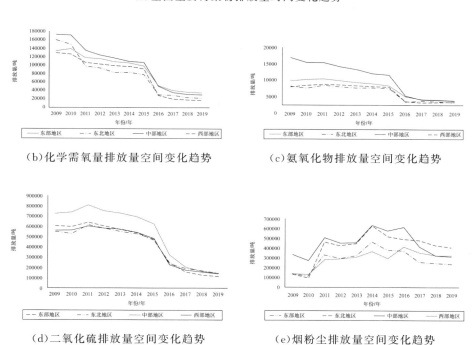

（b）化学需氧量排放量空间变化趋势　　（c）氨氧化物排放量空间变化趋势

（d）二氧化硫排放量空间变化趋势　　（e）烟粉尘排放量空间变化趋势

图 5-3　2009—2019 年工业主要污染物排放量时间与空间变化趋势

5.2.4 绿色全要素生产率时间与空间变化特征

绿色全要素生产率是评价环境治理的重要指标之一。图 5-4 显示了
2005—2018 年我国绿色全要素生产率时间变化特征,总体上来看呈现逐
年递增趋势。从总量数值来看,2005—2018 年我国绿色全要素生产率的
年均增长率为 0.085%,2018 年是 2005 年的 1.87 倍。这意味着,我国经
济增长和环境治理效果显著改善。但是从年均增长率来看,考察期范围
内我国的绿色全要生产率增长幅度并不大,这对于我国高质量发展和环
境治理现代化建设仍具有重大挑战,尤其是对于"双碳"目标的实现而
言。从相对指标方面来看,绿色全要素生产率增长率总体呈现"下降—
上升—下降"的特征。2005—2006 年绿色全要素生产率增长率急剧下
降,幅度为 0.15%;2006—2016 年呈现上升趋势,2016 年较 2006 年增

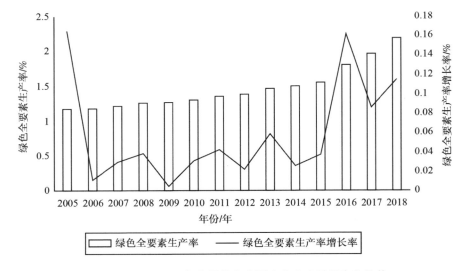

图 5-4　2005—2018 年我国绿色全要素生产率时间变化趋势

加 15.71 倍,表明这一阶段我国环境治理的成绩斐然;2016—2017 年开始呈现下降趋势;2018 年绿色全要素生产率增长率有回升之势。

下面从空间维度来看 2005—2018 年我国绿色全要素生产率空间变化特征,具体见表 5-1 和图 5-5。如表 5-1 所示,为了能明显看到绿色全要素生产率在地区间的差异,仅仅比较 2005 年与 2018 年的数据,且将这些地区中的省(区、市)分为"明星型"、"追赶型"和"落后型"省(区、市)。具体来看:"明星型"省(区、市)呈现东多西少的特征;2005 年"明星型"省(区、市)中东部地区省(区、市)数量占比为 66.67%,2018 年增加 1 个省(区、市),所占比重为78.00%;2005 年明星型省(区、市)中东北地区和西部地区的省(区、市)数量占比分别为 11% 和 22%,2018 年的这一数值东北地区为 0,而西部地区不变,说明东部地区的绿色全要素生产率提升较快,东北地区有所下降。"追赶型"省(区、市)呈现的特征为西多东少;2005 年西部地区的省(区、市)数量最多,占比能够达到60%;至 2018 年,占比为 40%,数量减少 2 个;东部地区和东北地区省(区、市)所占比重没有发生变化,总数分别为 2 个和 1 个;中部地区的省(区、市)数量有所增加,占比由原来的 10% 增长至 30%,意味着中部地区的环境治理成效有所提升。在"落后型"省(区、市)中,基本特征为"东少西多";较 2005 年而言,东部地区的省(区、市)数量在减少,数量减少了 1 个;同样地,中部地区省(区、市)数量减少了 2 个,所占比重由原来的 45% 降低至 27%;东北地区和西部地区的省(区、市)数量都增加了,数量分别为 1 个和 2 个,占比分别增加了 9% 和 17%。从图 5-5则可以更明显地看到东部地区的绿色全要素生产率最高,且在考察期内与其他地区的差距越来越大。东部地区的绿色全要素生产率均处于第一位,2005—2018 年增长幅度为 159%,可见东部的环境治理效果最为明显。西部地区的绿色全要素生产率一直处于第二位,变化不大。中部地区从原来的第四位转变为第三位,说明中部地区的环境治理步伐在加快。东北地区则由原来的第三位降至最后一位,是四个地区中增加速度最慢和幅度最小的地区。

表 5-1　2005—2018 年我国绿色全要素生产率空间分布情况

"明星型"省(区、市)			
2005 年		2018 年	
省(区、市)	所属地区	省(区、市)	所属地区
山东	东部地区	山东	东部地区
广东	东部地区	北京	东部地区
重庆	西部地区	重庆	西部地区
河北	东部地区	天津	东部地区
北京	东部地区	广东	东部地区
四川	西部地区	江苏	东部地区
辽宁	东北地区	上海	东部地区
上海	东部地区	四川	西部地区
江苏	东部地区	河北	东部地区
"追赶型"省(区、市)			
2005 年		2018 年	
省(区、市)	所属地区	省(区、市)	所属地区
黑龙江	东北地区	福建	东部地区
福建	东部地区	内蒙古自治区	西部地区
甘肃	西部地区	湖南	中部地区
宁夏回族自治区	西部地区	湖北	中部地区
内蒙古自治区	西部地区	河南	中部地区
陕西	西部地区	浙江	东部地区
云南	西部地区	甘肃	西部地区
新疆维吾尔自治区	西部地区	辽宁	东北地区
浙江	东部地区	青海	西部地区
湖南	中部地区	陕西	西部地区

续表

"落后型"省（区、市）			
2005 年		2018 年	
省（区、市）	所属地区	省（区、市）	所属地区
青海	西部地区	云南	西部地区
天津	东部地区	黑龙江	东北地区
湖北	中部地区	安徽	中部地区
江西	中部地区	江西	中部地区
海南	东部地区	吉林	东北地区
河南	中部地区	宁夏回族自治区	西部地区
吉林	东北地区	海南	东部地区
安徽	中部地区	广西壮族自治区	西部地区
山西	中部地区	山西	中部地区
广西壮族自治区	西部地区	新疆维吾尔自治区	西部地区
贵州	西部地区	贵州	西部地区

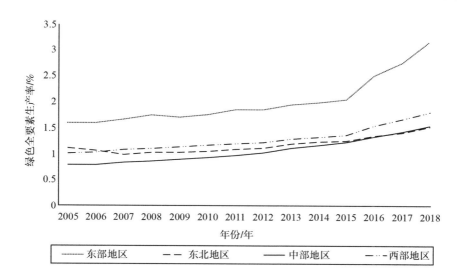

图 5-5　2005—2018 年我国绿色全要素生产率空间变化趋势

5.2.5 环境规制与绿色创新的相关关系

图 5-6 显示了 2008—2019 年我国环境规制与绿色创新的变化趋势。从图中可以看到,2008—2019 年两条曲线呈现波浪状特征。整体而言,两条曲线的变化趋势基本相同:2008—2011 年,均总体呈现下降趋势;2011—2016 年,政府环境规制曲线变动幅度较小,绿色创新曲线波动幅度较大,然而基本呈现"M 形"波动,只是时间有所差异,表明绿色创新具有时滞性;2016—2018 年两条曲线均表现出大幅提升状态,至 2019 年皆呈现下降趋势,意味着环境规制与绿色创新之间具有正相关关系。

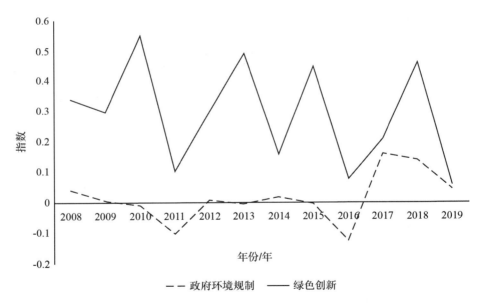

图 5-6　2008—2019 年我国政府环境规制与绿色创新变化趋势

6　环境规制的绿色创新
双边效应分解

目前,绿色技术创新不仅是国家打赢污染防治攻坚战、推动生态文明建设的重要抓手,也正成为全球新一轮科技革命的新兴领域。如何推动绿色技术创新是摆在学术界和其他社会各界面前的重要命题。经验表明,不能单纯依靠市场力量推动绿色技术创新,还需要辅以适宜的环境规制,环境规制与绿色技术创新的关系自然成为学术界的热点议题之一,但就环境规制与绿色技术创新的关系究竟如何这一问题而言,学术界尚存在争议。究其原因是环境规制同时存在两方面的效应:一方面,环境规制会产生遵规成本效应。近年来,我国环保新政持续推出,然而却伴随着绿色创新转型的"阵痛"。推行较高的绿色生产标准,采取环境外部成本的内部化措施,加之我国当前的供给侧结构性改革,给我国的企业尤其是民营企业带来多重叠加的成本压力。另一方面,环境规制会带来"倒逼效应",驱使企业进行绿色创新,进而带来额外的生态效益,并提升企业的竞争力,形成创新补偿效应,即波特假说的"双赢论"。环境规制的两方面效应可能同时存在于环境规制政策实施的过程中。由于环境规制同时存在遵规成本效应和创新补偿效应的正、反两方面的交叉作用,其对绿色创新的影响存在一定的不确定性,学者们在不同的样本下得出的结论存在差异性,总体而言,学者的结论主要可分为以下三种类型。

(1)促进论。波特假说认为合理的环境规制政策能够起到对企业技术创新的"倒逼效应",企业为适应环保政策,会加强绿色技术创新,提升竞争力,从而抵消环境规制带来的成本的负面影响,产生所谓的创新补偿效应。此后,大量学者的研究结论支持了波特假说。

(2)抑制论。波特假说的提出遭到了新古典经济学派的质疑,他们认为环境规制会使企业的生产成本上升,从而压缩企业的利润空间,并对企业绿色技术创新投资产生"挤出效应"。部分学者的实证研究结论不支持波特假说,例如:有部分研究表明环境规制会对企业竞争力产生负向作用;有部分研究表明环境规制会明显增大资源密集型行业或产业的成本压力;另有部分研究发现环境规制会导致企业产生遵规成本,压缩企业利润空间,不能促进企业研发活动。

(3)非线性论。持此观点的学者认为环境规制与绿色创新的关系并非简单的线性关系。①"U形"关系。例如:杜龙政等(2019)基于2001—2016年我国30个省、市的数据,发现环境规制与绿色竞争力存在"U形"关系;蔡乌赶和李青青(2019)基于2001—2015年我国30个省、市的数据,运用系统GMM估计法,估计了命令控制、市场激励与公众参与三种类型环境规制对企业生态技术创新的影响,发现三者与企业生态技术创新都呈"U形"关系特征;张娟等(2019)基于我国1995—2016年的省际面板数据,证实了环境规制与绿色创新产出的"U形"关系;马淑琴等(2019)采用我国1995—2016年的省际面板数据,采用空间计量分析法,实证得出了环境规制与绿色技术进步的"U形"关系。②"倒U形"关系。例如,董直庆和王辉(2019)采用164个地级市 2003—2011 年的面板数据,研究了环境规制对邻地绿色技术进步的影响,实证结果表明环境规制对邻地绿色技术进步具有"倒 U 形"的影响特征。③异质性影响。由于区域、行业、环境规制工具类型、发展阶段性等差异的存在,环境规制对绿色创新的影响存在异质性。Xie 等(2017)以我国 2000—2012 年的省际面板数据为样本进行实证研究,研究表明,不同类型环境规制对绿色创新具有门槛效应;许慧和李国英(2018)运用我国 2011—2016 年工业行业的面板数据进行实证研究,研究表明,环境规制对绿色创新效率具有行业异质性特征,对低碳行业具有正向的线性影响,对高碳行业则具有"倒 U 形"的影响特征;郭进(2019)基于我国 2006—2010 年的省际面板数据,研究了环境规制不同类型工具对绿色技术创新的影响,研究表明,财、税、费等市场调控类环境规制工具更适合驱动绿色技术创新,而严厉的行政处罚政策会产生负向效应,地方性法规对绿色创新没有显著影响。

总之,环境规制与绿色创新的关系是学术界研究的焦点之一。现有文献的研究提供了有益参考,但对环境规制影响绿色创新效率的正反两方面效应仍缺乏综合考量。本章对环境规制绿色创新效应的双边效应分解的优点在于可以为环境规制对绿色创新所呈现的影响特征提供客观解释。

6.1 双边效应分解模型、数据与变量

6.1.1 基准分解模型

此处借鉴 Kumbhakar 和 Christopher 的双边随机前沿模型，将环境规制对绿色创新影响的双边效应分解的基准模型表示如下：

$$\text{geff}_{it} = i(x_{it}) + \omega_{it} - u_{it} + \varepsilon_{it} = i(x_{it}) + \xi_{it} = x_{it}'\delta + \xi_{it}$$

$$(6.1)$$

其中：geff_{it} 表示绿色创新效率。x_{it} 为省际的特征向量。用市场化水平（market）、人力资本水平（edu）、知识产权保护程度（kpro）、贸易自由化水平（trade）、政府财政支持程度（gov）、城市化水平（uban）、互联网普及程度（inpuji）来反映省际特征。$i(x_{it})$ 表示前沿的绿色创新效率水平，即在既定的省际特征条件下完全竞争市场下的前沿绿色创新效率水平，$i(x_{it}) = \lambda x_{it}$，$\lambda$ 为省际特征变量的估计参数。δ 为待估计的参数向量。ξ_{it} 为复合的残差扰动项，$\xi_{it} = \omega_{it} - u_{it} + \varepsilon_{it}$。$\varepsilon_{it}$ 为随机干扰项，若它满足模型的基本假定条件，则 OLS 估计能达到合意的模拟结果；当 ε_{it} 的条件期望并不等于 0，OLS 估计有偏。为同时分解环境规制对绿色创新的创新补偿效应和遵规成本效应，需要将残差中环境规制的影响效应分解出来。在 MLE 估计法的基础上，通过（6.1）式可分解出 ω_{it}、u_{it}，分别反映在最优情形下的上偏和下偏效应。在（6.1）式中：ω_{it}

用以表示环境规制对绿色创新效率的创新补偿效应，$\omega_{it} \geq 0$；u_{it} 表示环境规制对绿色创新效率的遵规成本效应，$u_{it} \geq 0$。当 $\omega_{it} = 0$ 时，环境规制对绿色创新效率的影响只存在单边的遵规成本效应；当 $u_{it} = 0$ 时，环境规制对绿色创新效率只存在单边的创新补偿效应；若二者都不为 0，环境规制对绿色创新效率存在双边效应。

当 OLS 估计有偏，使用 MLE 法可以得到有效的结果。不妨假设：ε_{it} 服从均值为 0，方差为 σ_ε^2 的正态分布，即 $\varepsilon_{it} \sim iidN(0, \sigma_\varepsilon^2)$；$\omega_{it}$、$u_{it}$ 均服从指数分布，即 $\omega_{it} \sim iidEXP(\sigma_\omega, \sigma_\omega^2)$，$u_{it} \sim iidEXP(\sigma_u, \sigma_u^2)$；各误差项满足独立性的假设条件，即误差项之间互相独立，且与省际的特征变量不存在相关性。基于以上假设，进一步可以得到 ξ_{it} 的概率密度函数：

$$f(\xi_{it}) = \frac{\exp(\alpha_{it})}{\sigma_u + \sigma_\omega} \Phi(\gamma_{it}) + \frac{\exp(\beta_{it})}{\sigma_u + \sigma_\omega} \int_{-\eta_{it}}^{\infty} \varphi(z) \mathrm{d}z$$

$$= \frac{\exp(\alpha_{it})}{\sigma_u + \sigma_\omega} \Phi(\gamma_{it}) + \frac{\exp(\beta_{it})}{\sigma_u + \sigma_\omega} \varphi(\eta_{it}) \qquad (6.2)$$

(6.2)式中，$\varphi(\cdot)$、$\Phi(\cdot)$ 分别表示标准正态分布的概率密度函数（PDF）和累积分布函数（CDF），对其他参数的设定表示为：

$$\alpha_{it} = \frac{\sigma_v^2}{2\sigma_u^2} + \frac{\xi_{it}}{\sigma_u}, \ \beta_{it} = \frac{\sigma_v^2}{2\sigma_\omega^2} - \frac{\xi_{it}}{\sigma_\omega}, \ \gamma_{it} = -\frac{\xi_{it}}{\sigma_v} - \frac{\sigma_v}{\sigma_u}, \ \eta_{it} = \frac{\xi_{it}}{\sigma_v} - \frac{\sigma_v}{\sigma_\omega}$$

要估计以上参数，需要构建对数似然函数：

$$\ln L(X;\theta) = -n\ln(\sigma_u + \sigma_\omega) + \sum_{i=1}^{n} \ln[e^{\alpha_{it}} \Phi(\gamma_{it}) + e^{\beta_{it}} \varphi(\eta_{it})]$$

$$(6.3)$$

其中：$\theta = [\beta, \sigma_v, \sigma_u, \sigma_\omega]'$，$n$ 表示样本观测量。进一步推导，可以分别

得到 ω_{it} 和 u_{it} 的条件密度函数：

$$f(u_{it}|\xi_{it}) = \frac{\lambda \exp(-\lambda u_{it}) \Phi(\frac{u_{it}}{\sigma_v} + \eta_{it})}{\varphi(\eta_{it}) + \exp(\alpha_{it} - \beta_{it}) \Phi(\gamma_{it})} \tag{6.4}$$

$$f(\omega_{it}|\xi_{it}) = \frac{\lambda \exp(-\lambda \omega_{it}) \Phi(\frac{\omega_{it}}{\sigma_v} + \gamma_{it})}{\exp(\beta_{it} - \alpha_{it})[\varphi(\eta_{it}) + \exp(\alpha_{it} - \beta_{it}) \Phi(\gamma_{it})]} \tag{6.5}$$

其中，$\lambda = \frac{1}{\sigma_u} + \frac{1}{\sigma_\omega}$。在(6.4)、(6.5)式的基础上，可以得到环境规制对绿色创新效率双边效应的条件期望：

$$E(1 - e^{-u_{it}}|\xi_{it}) = 1 - \frac{\lambda}{1+\lambda} \times \frac{[\varphi(\eta_{it}) + \exp(\alpha_{it} - \beta_{it})\exp(\frac{\sigma_v^2}{2} - \sigma_v \gamma_{it}) \Phi(\gamma_{it} - \sigma_v)]}{\varphi(\eta_{it}) + \exp(\alpha_{it} - \beta_{it}) \Phi(\gamma_{it})} \tag{6.6}$$

$$E(1 - e^{-\omega_{it}}|\xi_{it}) = 1 - \frac{\lambda}{1+\lambda} \times \frac{[\Phi(\gamma_{it}) + \exp(\beta_{it} - \alpha_{it})\exp(\frac{\sigma_v^2}{2} - \sigma_v \eta_{it}) \varphi(\eta_{it} - \sigma_v)]}{\exp(\beta_{it} - \alpha_{it})[\varphi(\eta_{it}) + \exp(\alpha_{it} - \beta_{it}) \Phi(\gamma_{it})]} \tag{6.7}$$

在(6.6)、(6.7)式的基础上，可以得到环境规制对绿色创新效率的净效应：

$$\begin{aligned} NS &= E(1 - e^{-\omega_{it}}|\xi_{it}) - E(1 - e^{-u_{it}}|\xi_{it}) \\ &= E(e^{-u_{it}} - e^{-\omega_{it}}|\xi_{it}) \end{aligned} \tag{6.8}$$

由于 σ_u、σ_ω 分别仅出现于 α_{it}、γ_{it} 和 β_{it}、η_{it} 参数中，模型可识别。通过分解可以得到环境规制对绿色创新效率的双边效应，双边效应大小并不是人为设定的,而是由后续的模型估计得到的,得出的结论具有客观性。

6.1.2 数据与变量

本研究时间段为 2007—2018 年,以我国 30 个省(区、市)(由于统计数据缺失等的限制,西藏自治区及港澳台地区不在本书研究范围内)为研究对象,数据来源于《中国统计年鉴》、各地年鉴、《中国科技统计年鉴》、国家知识产权局相关数据。具体而言,变量设置如下。

(1)绿色创新效率(greff)。本书以绿色创新效率反映绿色技术创新。与创新效率不同,绿色创新效率强调"绿色",它反映了在特定研发投入下所能实现的绿色创新产出。关于研发投入的衡量指标,学界常见的做法是将研发资本存量和研发人员作为两个投入指标,借鉴韩先锋等(2019)的做法,选择 R&D 人员全时当量和 R&D 经费内部支出作为投入指标。对于绿色创新产出的衡量指标,学界的做法主要分为两类:一是在创新产出的基础上,纳入工业"三废"等环境污染指标作为创新的期望和非期望产出;二是采用绿色专利作为绿色产出的衡量指标。第一类做法的问题是将环境污染等与研发创新关联度不够的指标纳入,缺乏严谨考量,而用绿色专利指标更能直接反映绿色创新的产出水平。本书参考董直庆和王辉(2019)的做法,采用绿色专利作为绿色创新产出指标。具体而言,根据世界知识产权组织列出的绿色专利清单中的分类编码,通过设置专利类型、PC 分类编码及发明者地址等查询条件,从中国专利公布公告网获取不同省份的绿色专利授权量数据。在此基础上,通过 SFA 技术对绿色创新效率进行估算。

（2）环境规制强度（er）。关于环境规制，学者们从不同角度进行了测度，如环境规制政策、环境治理投资、污染排放量、环境治理绩效等，但这些指标只能从某一侧面反映环境规制的水平，不能综合反映环境规制的水平。借鉴 Sonia 和 Natalia（2008）的做法，采用地区生产总值与地区能源总消耗的比值来反映环境规制强度，这一比值也能够反映地区环境规制的综合效果。该比值越大，说明在一定的 GDP 水平下，环境规制的节能减排的效果越明显，也意味着环境规制的强度越大。

（3）省际特征变量。①市场化水平（market）。参考韩先锋等（2019）的做法，用非国有企业的就业人员与总就业人员的比值表示。该比值越大，说明非国有经济越发达，市场化水平也越高。②城市化水平（uban）。借鉴现有文献的做法，用城镇人口与总人口的比重来表示。城镇化水平越高，说明地区经济发展水平越高。③人力资本水平（hcap）。参考解晋（2019）的做法，采用各地区的平均受教育程度反映。参照现有文献的做法，具体可将 6 岁以上人口按受教育程度分为小学、初中、高中、大专及以上四类，分别计算出各分类的比重乘以对应的平均受教育年限的结果，并分别赋予 6、9、12、16 的权重，再求和，即可得到各地区的人力资本水平。④贸易自由化水平（trade）。参考邓飞、柯文进（2020）的做法，采用进出口总额与 GDP 的比值表示。⑤知识产权保护程度（kpro）。参考李勃昕等的做法，采用技术市场交易额占 GDP 的比值表示。⑥政府财政支持程度（gov），采用财政支出占 GDP 的比值表示。⑦互联网普及程度（inpuji）。根据国家统计局数据，采用网民普及率表示。

表 6-1 为变量的描述性统计结果。

表 6-1 变量的描述性统计结果

变量	符号	均值	标准差	最小值	最大值
城市化水平	uban	0.5351733	0.1371984	0.2746	0.896
市场化水平	market	0.7077237	0.1058732	0.4401014	0.8990044
人力资本水平	hcap	8.800143	0.9799288	6.593961	12.50245
知识产权保护	kpro	0.0104677	0.0230264	0.0001717	0.1602441
贸易自由化水平	trade	0.3162178	0.3747216	0.0168079	1.764581
互联网普及程度	inpuji	0.3811842	0.1790355	0.0400	0.7800
政府财政支持程度	gov	0.2221519	0.0960938	0.083718	0.6268633
环境规制强度	er	1.269532	0.6074708	0.2565214	3.927512
绿色创新效率	greff	0.3745799	0.1890697	0.121887	0.941858

6.2 实证结果分析

6.2.1 环境规制双边效应的分解结果分析

在 MLE 估计的基础上，结合计量模型，对环境规制影响绿色创新效率的双边效应进行分解，表 6-2 是基本估计结果。其中：第 2 列为不考虑偏离效应的 OLS 估计结果，第 3～5 列为 MLE 估计结果，第 6 列是只考虑环境规制对绿色创新的遵规成本效应的单边估计结果，第 7 列是只考虑环境规制对绿色创新的创新补偿效应的单边估计结果，第 8

列为同时考虑环境规制双边效应的估计结果。LR 检验结果表明,加入偏离效应后,模拟结果相比 OLS 估计更为合理,综合比较,以 m5 估计为基础进行后续环境规制的双边效应分解测度分析。

表 6-2　基本估计结果

	OLS	m0	m1	m2	m3	m4	m5
market	0.455***	−0.163***	−0.083***	−0.043***	−0.127***	−0.104***	0.075***
	(3.39)	(−5.86)	(−3.90)	(−2.64)	(−496.90)	(−169.25)	(874.22)
hcap	−0.006						0.047***
	(−0.25)						(332.09)
kpro	−1.768***	−1.264***	−1.153***	−1.165***	−1.224***	−2.039***	−0.069***
	(−2.99)	(−11.78)	(−18.22)	(−24.33)	(−346.03)	(−224.08)	(−195.91)
trade	0.108**	0.105***	0.086***	0.093***	0.012***	0.017***	0.071***
	(2.34)	(7.58)	(12.77)	(16.91)	(205.19)	(100.22)	(5775.52)
gov	0.351***	−0.096***	−0.091***		−0.116***		−0.098***
	(2.64)	(−2.94)	(−2.62)		(−444.52)		(−373.40)
uban	−0.349*	−0.499***	−0.393***	−0.415***			−0.405***
	(−1.67)	(−12.12)	(−16.97)	(−20.48)			(−18.54)
inpuji	0.045	−0.015					0.010***
	(1.47)	(−1.64)					(481.91)
_cons	0.206	0.717***	0.584***	0.546***	0.326***	0.257***	0.514***
	(0.77)	(13.44)	(35.60)	(46.63)	(1948.87)	(798.26)	(2258.51)
sigma_v _cons		−16.008	−13.195	−12.607	−18.957	−16.553	−21.187
		(−0.01)	(−0.04)	(−0.05)	(−0.02)	(−0.04)	(−0.02)
年份	YES	NO	YES	YES	YES	YES	YES
地区	YES	NO	YES	YES	YES	YES	YES

续表

	OLS	m0	m1	m2	m3	m4	m5
				环境规制			
遵规成本效应					−0.832***		−0.442***
					(−30.32)		(−15.94)
创新补偿效应						1.570***	1.692***
						(−29.02)	(32.04)
样本数	360.000	360.000	360.000	360.000	360.000	360.000	360.000
调整的 R^2	0.208						
似然比	135.763	−295.383	−295.399	−295.429	173.104	168.612	246.068

注:括号内为 t 检验值,*、** 和 *** 分别表示在 10%、5% 和 1% 的水平上显著。

在表 6-2 中 m5 估计的基础上,可以将环境规制对绿色创新的遵规成本效应和创新补偿效应分解。分解的结果如表 6-3 所示。环境规制对绿色创新效率的遵规成本效应程度为 0.0016,创新补偿效应程度为 0.1841,这使得环境规制对绿色创新效率的净效应程度为 $E(\omega-u)=\sigma_\omega-\sigma_u=0.1825$。通过分解,不难看出环境规制对绿色创新效率的遵规成本效应要小于创新补偿效应,这使得环境规制对绿色创新效率的综合效应为正,即波特假说在本样本内得到验证。从环境规制双边效应的影响比值看,遵规成本效应占比仅为 15.11%,而创新补偿效应占比高达 84.89%,未能解释的部分占总方差的比值为 3.39%,环境规制对绿色创新效率的总方差解释力度为 81.61%,这说明我国绿色创新效率增长的环境规制驱动特征较为明显,环境规制产生的遵规成本效应并不占主导地位。

表 6-3　方差分解:环境规制的双边效应

	变量含义	符号	测度系数
环境规制的双边效应	环境规制的遵规成本效应	σ_u	0.0016
	环境规制的创新补偿效应	σ_ω	0.1841
	随机误差项	σ_v	0
方差分解	随机项总方差	$\sigma_v^2 + \sigma_u^2 + \sigma_\omega^2$	0.0339
	双边效应的影响比重	$\dfrac{\sigma_u^2 + \sigma_\omega^2}{\sigma_v^2 + \sigma_u^2 + \sigma_\omega^2}$	0.8161
	遵规成本效应的比重	$\dfrac{\sigma_u^2}{\sigma_u^2 + \sigma_\omega^2}$	0.1511
	创新补偿效应的比重	$\dfrac{\sigma_\omega^2}{\sigma_u^2 + \sigma_\omega^2}$	0.8489

　　为进一步计算环境规制双边效应使绿色创新效率水平偏离前沿水平的百分比及最终的净效应比例,基于(6.6)式~(6.8)式进行了估计,估计结果如表6-4所示。平均来看,环境规制的创新补偿效应使得绿色创新效率水平高于前沿水平18.41%,而环境规制的遵规成本效应使得绿色创新效率水平低于前沿水平0.16%,两者抵消后的综合作用是使得绿色创新效率水平高于前沿水平18.25%。这说明,由于环境规制双边效应的不对称,环境规制最终对绿色创新效率水平呈驱动作用特征。

表 6-4　遵规成本效应和创新补偿效应估计

单位:%

变量	均值	标准差	Q25	Q50	Q75
创新补偿效应	18.41	17.84	4.01	13.48	30.55
遵规成本效应	0.16	0.17	0.05	0.20	0.28
净效应	18.25	17.99	3.96	13.28	30.27

为了进一步分析地区不同环境规制强度下环境规制双边效应分解的比例分布情况,表 6-4 中第 4～6 列还展示了环境规制强度不同分位数下的双边效应比例分布结果。在 Q25、Q50、Q75 分位数下,环境规制对绿色创新效率的综合效应比例均大于 0,分别使得绿色创新效率增加 3.96％、13.28％、30.27％,说明环境规制对绿色创新效率的创新补偿效应明显抵消了其遵规成本效应,从而使得环境规制综合促进了绿色创新效率的增长,且环境规制强度大的地区,这种驱动效应更为显著。虽然环境规制强度大的地区,环境规制对绿色创新效率的遵规成本效应也在增大,但环境规制对绿色创新效率的创新补偿效应增加比例更大,综合的结果是环境规制对绿色创新效率的净效应也在增大。这说明我国环境规制驱动绿色创新效率增长方面仍存在加强空间,且凸显出正向的驱动特征。

为直观呈现环境规制创新补偿效应、遵规成本效应、净效应的分布情况,绘制图 6-1～图 6-3,分别为环境规制对绿色创新效率的创新补偿效应、遵规成本效应以及净效应的频数分布图。图 6-1、图 6-3 中环境规制的创新补偿效应和净效应分布频数具有较高的类似性,说明环境规制创新补偿效应在净效应形成中的主导地位。图 6-1 表明,环境规制对绿色创新效率的正效应在 80％的位置左右才消失,说明大部分省份中环境规制的创新补偿效应占主导地位。图 6-2 表明,有不到 15％的省份的环境规制的遵规成本效应占主导地位,换言之,超过 85％的省份环境规制的创新补偿效应占主导地位。

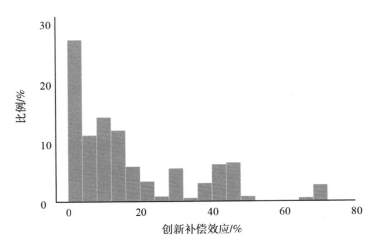

图 6-1　创新补偿效应分布

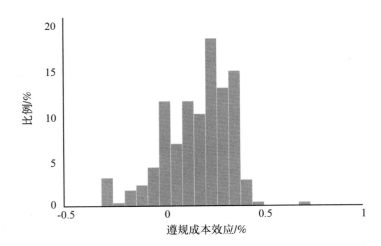

图 6-2　遵规成本效应分布

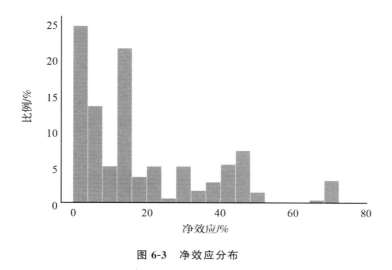

图 6-3 净效应分布

6.2.2 环境规制双边效应的时空特征分析

下面进一步考察环境规制双边效应的时空变动规律,表 6-5、表 6-6 分别列示了环境规制创新补偿效应、遵规成本效应和净效应分年份和省份的变动情况。

表 6-5 中,样本期内,环境规制的创新补偿效应历年均为正,驱动绿色创新效率水平高于前沿水平的效应大小位于 17.19％至 19.5％的区间范围。环境规制创新补偿效应最大的年份为 2010 年,自 2012 年之后,环境规制的创新补偿效应呈明显的线性下降趋势,总体上呈现 2012 年前上升而后下降的"倒 U 形"时间分布特点。相比创新补偿效应,环境规制的遵规成本效应变动幅度较小,使绿色创新效率水平低于前沿水平的效应大小位于 0.13％至 0.18％的区间范围,自 2014 年后,

负效应有着降低趋势,说明环境规制的遵规成本效应正在逐渐降低。由于环境规制的创新补偿效应要远大于遵规成本效应,净效应的时间变动特征与创新补偿效应类似,也呈现"倒U形"的特征。本书的研究结论不支持"U形"论,主要原因是本书的样本期间内,环境规制的创新补偿效应占主导地位,且效应大小呈"倒U形"的时间趋势特征。从环境规制不同分位数下双边效应的分布来看,环境规制强度高的样本,遵规成本效应虽然有一定程度的提升,但创新补偿效应的提升幅度更大,因而环境规制的净效应更大。以上分析都说明本书研究结论具有较强的稳健性。我们认为环境规制对绿色创新效率的创新补偿效应仍具有很大的发展空间,"驱动红利"还会持续存在,这一方面得益于环境规制的成本效应逐渐降低,另一方面得益于环境规制的"倒逼效应",迫使企业进行绿色研发创新、绿色转型。

表 6-5　环境规制双边效应的时间特征

年份	效应	均值	标准差	Q25	Q50	Q75
	创新补偿效应	18.54	17.72	4.64	13.65	30.46
2007	遵规成本效应	0.16	0.17	0.06	0.20	0.28
	净效应	18.38	17.88	4.58	13.45	30.18
	创新补偿效应	18.45	17.69	4.41	13.39	29.87
2008	遵规成本效应	0.18	0.17	0.09	0.22	0.30
	净效应	18.27	17.85	4.32	13.17	29.57
	创新补偿效应	18.47	17.76	4.60	13.83	29.35
2009	遵规成本效应	0.17	0.17	0.08	0.22	0.32
	净效应	18.30	17.92	4.52	13.61	29.03

续表

年份	效应	均值	标准差	Q25	Q50	Q75
2010	创新补偿效应	19.50	17.70	5.41	14.89	31.34
	遵规成本效应	0.16	0.17	0.06	0.18	0.32
	净效应	19.34	17.86	5.35	14.71	31.02
2011	创新补偿效应	17.43	17.75	2.98	13.09	28.87
	遵规成本效应	0.17	0.17	0.09	0.20	0.31
	净效应	17.26	17.90	2.89	12.89	28.56
2012	创新补偿效应	19.41	18.31	4.45	14.51	32.85
	遵规成本效应	0.17	0.17	0.09	0.20	0.29
	净效应	19.24	18.46	4.36	14.31	32.56
2013	创新补偿效应	19.20	18.12	4.07	14.58	32.30
	遵规成本效应	0.16	0.16	0.07	0.19	0.29
	净效应	19.03	18.26	4.00	14.39	32.01
2014	创新补偿效应	18.90	18.26	4.43	13.76	31.22
	遵规成本效应	0.16	0.16	0.04	0.18	0.28
	净效应	18.74	18.40	4.39	13.58	30.94
2015	创新补偿效应	18.15	18.58	3.32	13.27	31.21
	遵规成本效应	0.14	0.17	0.01	0.17	0.27
	净效应	18.01	18.73	3.31	13.10	30.94
2016	创新补偿效应	18.34	18.42	3.38	13.18	31.20
	遵规成本效应	0.13	0.17	0.00	0.17	0.26
	净效应	18.21	18.57	3.38	13.01	30.94
2017	创新补偿效应	17.39	18.32	3.39	12.04	30.00
	遵规成本效应	0.15	0.16	0.03	0.20	0.26
	净效应	17.24	18.46	3.36	11.84	29.74

续表

年份	效应	均值	标准差	Q25	Q50	Q75
	创新补偿效应	17.19	18.55	2.83	11.84	28.95
2018	遵规成本效应	0.16	0.20	0.02	0.18	0.30
	净效应	17.02	18.70	2.81	11.66	28.65

如表 6-6 所示,环境规制对绿色创新效率的创新补偿效应存在明显的空间差异。样本期内,环境规制创新补偿效应较大的区域多位于中、西部地区。新疆、重庆、安徽、宁夏、黑龙江、贵州、海南、广西的驱动效应较大,环境规制驱动绿色创新效率水平高于前沿水平的平均效应大小均超过 30%,其中,广西最大(71.44%),海南次之(48.15%)。四川、天津、云南、河南、甘肃、湖南、浙江、江苏、山西、福建的驱动效应平均在 12% 以上,而其他地区的驱动效应平均在 10% 以下。这说明,区域经济越发达、市场化水平越高的区域,环境规制的创新补偿效应并不一定就越大,这与我国的现实较为拟合。我国主体功能规划中的生态功能区域多位于中、西部地区,例如,2016 年,我国共规划了 676 个国家重点生态功能区,其中 80% 在西部地区,这些区域属于限制开发区域,环境规制强度高。从本书的研究结论看,环境规制高的区域,创新补偿效应提升的程度更大。东部一些省(区、市)环境规制创新补偿效应低,可能与这些地方的市场化水平高相关,这些地方绿色创新的主要驱动力并非来自环境规制,而是以市场驱动为主。相比创新补偿效应,遵规成本效应的空间差异较小。其中,宁夏、重庆、贵州、安徽、海南等的遵规成本效应的影响程度最小,平均小于 1%,湖南、湖北、云南、甘肃、河南、陕西、广西等的遵规成本效应的影响程度为 2%~3%,内蒙古、辽宁、江西、吉林、青海等的遵规成本效应的影响程度大于 3%。由于地区

层面环境规制的创新补偿效应也占主导地位,净效应的特征与创新补偿效应类似,下文不再赘述。

表6-6　环境规制双边效应的地区特征

省 (区、市)	效应分解	均值	标准差	省 (区、市)	效应分解	均值	标准差
北京	创新补偿效应	2.14	1.34	河南	创新补偿效应	13.65	1.98
	遵规成本效应	0.11	0.09		遵规成本效应	0.27	0.03
	净效应	2.03	1.4		净效应	13.39	1.98
天津	创新补偿效应	13.19	1.59	湖北	创新补偿效应	8.25	1.67
	遵规成本效应	0.15	0.04		遵规成本效应	0.22	0.02
	净效应	13.04	1.62		净效应	8.03	1.67
河北	创新补偿效应	4.32	1.4	湖南	创新补偿效应	14.27	1.47
	遵规成本效应	0.35	0.01		遵规成本效应	0.21	0.02
	净效应	3.98	1.4		净效应	14.06	1.48
山西	创新补偿效应	20.72	1.31	广东	创新补偿效应	6.35	1.33
	遵规成本效应	0.18	0.04		遵规成本效应	0.19	0.08
	净效应	20.55	1.34		净效应	6.17	1.37
内蒙古	创新补偿效应	1.83	1.01	广西	创新补偿效应	71.44	1.39
	遵规成本效应	0.31	0.02		遵规成本效应	0.29	0.02
	净效应	1.52	1.01		净效应	71.73	1.41
辽宁	创新补偿效应	4.45	1.02	海南	创新补偿效应	48.15	1.01
	遵规成本效应	0.31	0.03		遵规成本效应	0.06	0.04
	净效应	4.14	1.03		净效应	48.09	1.01
吉林	创新补偿效应	2.77	1.52	重庆	创新补偿效应	31.87	1.63
	遵规成本效应	0.34	0.02		遵规成本效应	0.02	0.02
	净效应	2.43	1.54		净效应	31.85	1.65

续表

省 （区、市）	效应分解	均值	标准差	省 （区、市）	效应分解	均值	标准差
黑龙江	创新补偿效应	44.95	1.02	四川	创新补偿效应	12.92	1.54
	遵规成本效应	0.15	0.05		遵规成本效应	0.19	0.02
	净效应	44.8	1.06		净效应	12.73	1.52
上海	创新补偿效应	1.08	1.14	贵州	创新补偿效应	45.62	1.63
	遵规成本效应	0.21	0.04		遵规成本效应	0.02	0.04
	净效应	0.87	1.18		净效应	45.6	1.64
江苏	创新补偿效应	14.79	1.27	云南	创新补偿效应	13.52	0.69
	遵规成本效应	0.1	0.09		遵规成本效应	0.25	0.04
	净效应	14.69	1.29		净效应	13.27	0.67
浙江	创新补偿效应	14.45	1.45	陕西	创新补偿效应	2.76	1.04
	遵规成本效应	0.11	0.03		遵规成本效应	0.29	0.04
	净效应	14.34	1.44		净效应	2.47	1.02
安徽	创新补偿效应	39.39	1.18	甘肃	创新补偿效应	13.99	1.17
	遵规成本效应	0.03	0.02		遵规成本效应	0.26	0.02
	净效应	39.36	1.18		净效应	13.73	1.16
福建	创新补偿效应	22.6	1.36	青海	创新补偿效应	2.29	1.51
	遵规成本效应	0.08	0.01		遵规成本效应	0.41	0.02
	净效应	22.51	1.36		净效应	1.88	1.51
江西	创新补偿效应	4.26	2.33	宁夏	创新补偿效应	43.62	1.25
	遵规成本效应	0.33	0.03		遵规成本效应	0.01	0.02
	净效应	3.93	2.35		净效应	43.6	1.25
山东	创新补偿效应	1.6	0.92	新疆	创新补偿效应	31.14	1.32
	遵规成本效应	0.35	0.13		遵规成本效应	0.1	0.02
	净效应	1.25	0.97		净效应	31.04	1.32

6.2.3 进一步分析：环境规制与市场化水平

为什么东部地区市场化水平高的地方环境规制的综合效应低？本书将总体样本的市场化水平按照分位数分类，分为 $10\%\sim20\%$、$20\%\sim50\%$、$50\%\sim70\%$、$70\%\sim90\%$、$90\%\sim100\%$ 五组，并列示了环境规制的双边效应的影响在五组市场化水平下的分布情况，结果如表 6-7 所示。表 6-7 中，环境规制的创新补偿效应在市场化水平处于 $10\%\sim20\%$ 分位数下稍微递增，在 20% 分位数以后呈递减趋势，这说明总体而言，市场化水平越高的区域，环境规制的创新补偿效应对绿色创新效率驱动的空间越小，或者说，这些地区绿色创新效率驱动主要以市场驱动为主。相反，市场化水平低的区域，多位于中西部地区，这些地区环境规制对绿色创新效率的驱动作用较强，而市场驱动的作用相对较弱。这都说明我国目前一定程度上存在采用环境规制还是依赖市场来驱动绿色创新效率的权衡问题。由于环境规制创新补偿效应在综合效应形成中的主导地位，净效应的特征与其类似，环境规制的综合效应随着环境规制强度的增大而增强，这都再次印证了上文研究结论的稳健性。值得注意的是，当市场化水平位于 20% 分位数以后，环境规制的遵规成本效应也存在一定程度的递增特点，这说明市场化水平越高的地区，政府命令式的环境规制带来的市场"扭曲效应"可能更大，需要减少这种"扭曲效应"带来的不利影响。

表 6-7   环境规制双边效应的市场化水平差异

市场化水平	效应分解	均值	标准差	Q25	Q50	Q75
10%～20%	创新补偿效应	18.52	16.42	3.43	13.49	31.63
	遵规成本效应	0.19	0.17	0.09	0.24	0.30
	净效应	18.33	16.58	3.34	13.25	31.33
20%～50%	创新补偿效应	22.82	18.06	10.14	16.13	34.36
	遵规成本效应	0.12	0.16	0.01	0.16	0.22
	净效应	22.70	18.20	10.13	15.97	34.14
50%～70%	创新补偿效应	20.63	21.16	4.36	13.58	39.47
	遵规成本效应	0.13	0.17	0.04	0.15	0.24
	净效应	20.50	21.32	4.32	13.43	39.23
70%～90%	创新补偿效应	14.44	15.56	4.57	7.42	16.37
	遵规成本效应	0.17	0.16	0.06	0.20	0.31
	净效应	14.27	15.69	4.51	7.22	16.06
90%～100%	创新补偿效应	8.49	10.80	2.22	3.94	12.28
	遵规成本效应	0.27	0.14	0.22	0.29	0.35
	净效应	8.23	10.89	2.00	3.65	11.93

6.2.4 稳健性检验

上文的研究结论表明环境规制对绿色创新效率的影响呈现正、负兼存的"双边特征"，且环境规制的创新补偿效应在总效应中占主导地位，故使得环境规制对绿色创新总体上呈驱动特征，从而验证了波特假说。为了进一步对主要研究结论进行稳健性检验，采用两种方法：一是将原有样本时间段首尾年份剔除，即采用 2008—2017 年的时间段进行检验。二是考虑其他反映环境规制综合水平的指标进行稳健性检验。Botta 和 Kozluk 提供了另一种测度思路,对不同维度环境规制加以综合评估,将 CO_2、SO_2、NO_x 税率、污染物排放限制等纳入测度指标。由于我国的许多环境规制尚处于探索起步阶段,CO_2、SO_2、NO_x 等的相关数据的获取存在限制。考虑到碳减排是世界各国的共同目标,采取 GDP/CO_2 作为替代指标进行检验。具体参考联合国政府间气候变化专门委员会的估计方法对碳排放量进行估算。碳排放数据根据《中国能源统计年鉴》《省级温室气体清单编制指南》的相关数据计算得到。稳健性检验选取的样本时间段为 2007—2017 年。

结果表明,第一种方法得到的检验结果与上文得到的结论是一致的,不再赘述。第二种方法得到的检验结果如表 6-8 所示。

表 6-8　环境规制对绿色创新的影响效应

	变量含义	符号	测度系数
环境规制的双边效应	环境规制的遵规成本效应	σ_u	0.0042
	环境规制的创新补偿效应	σ_ω	0.1761
	随机误差项	σ_v	0
方差分解	随机项总方差	$\sigma_v^2 + \sigma_u^2 + \sigma_\omega^2$	0.0302
	双边效应的影响比重	$\dfrac{\sigma_u^2 + \sigma_\omega^2}{\sigma_v^2 + \sigma_u^2 + \sigma_\omega^2}$	0.8402
	遵规成本效应的比重	$\dfrac{\sigma_u^2}{\sigma_u^2 + \sigma_\omega^2}$	0.2217
	创新补偿效应的比重	$\dfrac{\sigma_\omega^2}{\sigma_u^2 + \sigma_\omega^2}$	0.7783

　　表 6-8 的检验结果表明,采用替代指标后,虽然环境规制的双边影响效应程度存在一定差异,但差异不大,总体而言,环境规制对绿色创新的影响效应呈双边特征,且创新补偿效应占主导地位,这与上文得到的结论是一致的,说明本书的研究结论具有稳健性。

7　环境规制对绿色创新的影响：中介效应检验

7.1　政府经济支持机制分析

环境是人类发展的基础，为社会发展提供必要的物质资源。自《中华人民共和国环境保护法》制定以来，我国还颁布了多部环境保护法律法规。政府颁布的法律法规通常会直接有效影响环境污染源企业的生产过程。同时，自在全国范围内实施排污收费制度以来，污染企业可以根据自己的成本—收益制定最优排污决策。市场因素和政府因素在环境保护、技术创新中都发挥着重要作用，无论是在市场经济体制，还是在计划经济体制中皆是如此，这是社会经济体系运行的必然结果。

在市场经济体制下，焦点往往是资源的优化配置以及效益的有效实现，此时外部性无法从市场中得以反映，如果政府干预不及时或不到位，外部负效应无法被矫正，环境污染就会进一步加剧。在计划经济体制下,资源配置由政府进行,市场主体通常不用核算自然资源消耗情况,即便产生严重的环境污染,企业也没有职权治理,保护责任也就无从谈起,虽然政府会保护环境,但往往资金有限,不仅会导致资源配置不合理,也会造成本国市场与全球市场脱节,形成技术停滞和经济状况恶化等局面,造成进一步的环境恶化循环,最终实际是将污染成本转嫁给了普通民众。

我国早期环境规制通常采用命令型的方式,即政府通过制定环境方面的法律、法规政策直接干预和约束污染企业行为。后来虽然也引入了发达国家的费用型规制方式,比如排放许可证、排污收费、排污权交易、押金退款和环境保险等,但环境污染并未得到有效遏制,发达国家已基本不存在的大气污染、河流污染在我国仍然存在,甚至很严重,政府也为环境污染治理承担了很高的成本。在政府绩效考核体系下,当市场机制不健全时,费用型规制工具对环境资源的配置效率也不高,若再加上政策与发展不配套、法制不完善,环保部门与发展部门的矛盾也可能会造成无法可依、有法不依等情况。

7.1.1 相关文献回顾

政府对环境的管理方式主要是通过法律、法规和行业标准等强制措施控制企业排放污染物的总量。政府命令型环境规制通常具有强制性,规制效果具有确定性,能有效避免环境外部性问题,解决产权确定的难题,并且这种按照相应法规处理环境问题的方式容易将经验效果大范围推广,应对覆盖面广的重大环境污染问题。然而,这种方式也存在弊端。首先,政府需要大量的环境污染信息指导政策的制定和执行,监督成本过于高昂，使得经济收益可能不显著。其次，灵活调整能力差。从收集信息、核对信息到政策制定，再到最后的政策执行，均需要较长时间，当初制定政策时的外部环境可能早已改变，导致政策执行效果不佳，即政策实施和环境污染之间存在时滞效应，制定的政策无法面对环境和技术条件的变化，导致环保效果可能不显著。另外，政府命令涉及面广泛，行政强制性明显，受到抵制的可能性也较大，而且这种方式属于污染以后的事后处理，当遇到不可逆的环境污染时，几乎没有成效。

政府为了尽可能地刺激企业进行绿色创新，通常会将环境规制政策与政府支持政策搭配使用。原因有二：其一，绿色创新具有环境污染的负外部性和知识溢出的正外部性的"双重外部性"，对于负外部性应采取限制措施，而对正外部性则要采取鼓励措施（何小钢，2014）；其二，众多研究表明环境规制与政府支持会产生"耦合效应"（王林辉 等，2020）。目前随着我国市场化程度的不断加深，政府在经济发展中的角色也进一步确立，环境规制工具和政府支持措施也日趋成熟。但由于各地背景有所差异，政策支持不一定与执行地区具体情况相匹配，能否产生积极的"耦合效应"并不确定，这也表明挑选的政策工具是否恰当对于政策搭配效果会起到关键作用。那么，异质型环境规制工具、政府支持与绿色技术创新之间的作用机制是怎样的？"耦合效应"的结果又是怎样的？下面将从政府经济支持和政府法律支持两方面进行分析。

7.1.2 模型、变量与数据

7.1.2.1 基准模型的设定

本节利用面板门槛效应模型分析政府研发补助、低碳补助在异质型环境规制的绿色创新效应中的调节作用。在进行具体方程参数估计前，借鉴 Hansen（1999）的方法，按照从复杂到简单的原则对环境规制工具进行门槛效应检验，即按照"三门槛—两门槛—单门槛"的顺序执行。基准回归模型如下：

$$\mathrm{lnlc}_{it} = \beta_0 + \beta_1\,\mathrm{lnerii}_{it} \times \mathrm{lndtbz}_{it}(\mathrm{lndtbz}_{it} \leqslant \eta_1) +$$
$$\beta_2\,\mathrm{lnerii}_{it} \times \mathrm{lndtbz}_{it}(\eta_1 < \mathrm{lndtbz}_{it} \leqslant \eta_2) +$$
$$\beta_3\,\mathrm{lnerii}_{it} \times \mathrm{lndtbz}_{it}(\mathrm{frdad}_{it} > \eta_2) + \zeta X_{it} +$$
$$\mu_{it} + \psi_{it} \tag{7.1}$$

$$\mathrm{lnlc}_{it} = \alpha_0 + \alpha_1\,\mathrm{lnerii}_{it} \times \mathrm{lnfrdad}_{it}(\mathrm{lnfrdad}_{it} \leqslant \gamma_1) +$$
$$\alpha_2\,\mathrm{lnerii}_{it} \times \mathrm{lnfrdad}_{it}(\gamma_1 < \mathrm{lnfrdad}_{it} \leqslant \gamma_2) +$$
$$\alpha_3\,\mathrm{lnerii}_{it} \times \mathrm{lnfrdad}_{it}(\mathrm{lnfrdad}_{it} > \eta_2) + \varphi X_{it} +$$
$$\mu_{it} + \psi_{it} \tag{7.2}$$

其中：lnlc 代表绿色创新产出；X 为一系列控制变量；lnerii 代表环境规制强度；lnfrdad、lndtbz 表示研发补助和低碳补助，以及法律支持的调节变量；γ_n 表示门槛值。

7.1.2.2 变量说明

（1）被解释变量。绿色创新产出（lnlc）是被解释变量，用绿色专利数量进行测度。

（2）核心解释变量。政府环境规制强度（lnerii）是核心解释变量，用地区生产总值与地区能源总消耗比值测算。同时，为了分析不同环境规制的影响，将环境规制分为费用型环境规制（fjr）、市场型环境规制（mjr）和命令型环境规制（ojr）等。其中：费用型环境规制的测度方法是排污费解缴入库额与解缴入库数的比值，市场型环境规制的测度方法是地区环境污染治理投资总额与经济总量的比值，命令型环境规制用环境规制综合指数与地方环境行政案件处罚数进行衡量。

（3）中介与调节变量。主要的调节变量包括研发补助、低碳补助、知识产权保护和生产者权益保护等。

7.1.2.3 数据来源与说明

数据主要来源于《中国环境统计年鉴》和各省份的统计年鉴。由于西藏自治区的数据缺失较多，因此在实证分析中只涉及 30 个省（区、市）。

7.1.3 回归结果分析

政府支持分为经济支持和法律支持两部分，经济支持包括研发补助和低碳补助两方面，法律支持则包括知识产权保护和生产者权益保护两方面。关于政府经济支持对技术创新的研究较多，发现经费补助、价格补贴、税收优惠等不同的政府支持政策具有"挤入效应"和"挤出效应"，强度高低会决定技术创新效应的大小（Lach，2002；Lee and Cin，2010；陈子韬 等，2020）。近年来，学术界逐渐将研究热点转向政策耦合效应,郭进(2019)、于克信等(2019)依据"丁伯根法则"检验了政府支持与环境规制对绿色创新的正向耦合作用。目前研究大多只考虑一种或一方面政府支持的绿色创新效应(董景荣,2021),有些研究则仅将政府支持作为工具变量处理内生性问题(李青原、肖泽华,2020),政府经济支持是被研究较多的支持类型。不同类型的政府经济支持政策的适用环境、执行成本、影响时滞也均会有较大差异。本部分首先分析环境规制与政府经济支持对绿色创新的耦合效应。

7.1.3.1 全样本分析

表 7-1 为门槛效应检验结果。表 7-2 为研发补助、低碳补助门槛估计量。表 7-3 为研发补助、低碳补助对环境规制工具的绿色创新效应调节结果。表中结果显示:(1)研发补助作为调节变量时,市场型环境规制的门槛效应检验并不显著,说明经验证据无法表明现阶段我国政府给予的研发补助会影响投资型管制工具对省际绿色创新所造成的冲击;在绿色创新效应方面,政府支持与投资型环境规制的耦合效应不显著;其他两个类型的环境规制存在单门槛效应,两者门槛值也恰好相等,说明在绿色创新效应方面,政府支持与费用型、命令型环境规制存在显著的耦合效应。(2)低碳补助作为调节变量时,费用型和市场型环境规制的门槛效应并不显著,说明我国政府给予的低碳补助不会影响命令型环境规制工具对省际绿色创新造成的冲击,耦合效应不显著;与之相反,命令型环境规制存在双门槛效应,表明在绿色创新效应方面,命令型环境规制存在显著的耦合效应。

表 7-1　门槛效应检验结果

	模型		RSS	MSE	Fstat	Prob	Crit10	Crit5	Crit1
研发补助	Ogr	单门槛	58.3005	0.2234	47.42	0.0000	17.8336	20.2180	29.8141
		双门槛	55.9924	0.2145	10.76	0.3767	24.3288	32.5159	40.8000
		三门槛	54.4574	0.2086	7.36	0.7700	39.6483	46.5316	69.2097
	Fgr	单门槛	59.3552	0.2274	41.22	0.0000	21.9515	25.3023	34.5568
		双门槛	56.2368	0.2155	14.47	0.2500	49.1367	62.8727	85.2765
		三门槛	54.1585	0.2075	10.02	0.4733	26.0906	46.9320	72.0328
	Mgr	单门槛	65.9420	0.2527	14.05	0.1633	17.0746	20.1763	25.7010
		双门槛	61.9927	0.2375	16.63	0.1933	23.4292	28.4255	42.5846
		三门槛	58.2737	0.2233	16.66	0.2533	26.1382	32.4962	42.1351
低碳补助	Ogr	单门槛	71.8103	0.2476	23.76	0.0167	14.4462	16.7670	25.5058
		双门槛	66.3513	0.2288	23.86	0.0033	12.5804	15.1831	19.3346
		三门槛	64.2372	0.2215	9.54	0.4100	28.7901	37.2420	48.0887
	Fgr	单门槛	75.7634	0.2613	6.27	0.6000	17.3090	22.041	34.141
		双门槛	72.8562	0.2512	11.57	0.1670	14.3670	18.296	24.403
		三门槛	70.7586	0.2440	8.60	0.4600	17.402	21.925	29.677
	Mgr	单门槛	76.5377	0.2639	6.75	0.570	15.665	21.367	32.862
		双门槛	74.3294	0.2563	8.62	0.307	14.285	17.010	22.268
		三门槛	72.5600	0.2502	7.07	0.577	15.754	19.027	26.071

表 7-2　研发补助、低碳补助门槛估计量

	模型		门槛值对数	门槛值	95%置信区间	
研发补助	Ogr	单门槛	8.0778	3222.1367	7.7828	8.1412
	Fgr	单门槛	8.0778	3222.1367	7.7828	8.1412

续表

	模型		门槛值对数	门槛值	95%置信区间	
低碳补助	Ogr	单门槛		0.0247	0.0244	0.0247
		双门槛		0.0253	0.0250	0.0254

表 7-3　研发补助、低碳补助对环境规制工具的绿色创新效应调节结果

变量	研发补助		低碳补助
	Ogr 1	Fgr 2	Ogr 3
	lnlc	lnlc	lnlc
lnerii	0.948**	0.774*	0.584*
	(0.411)	(0.431)	(0.310)
market	0.213	0.356**	0.194
	(0.151)	(0.156)	(0.134)
urba	3.092	3.166	2.969
	(2.449)	(2.454)	(2.049)
open	1.959	0.798	1.610
	(3.594)	(3.696)	(2.979)
dipp	−15.82**	−8.281	−4.500
	(7.758)	(7.767)	(6.377)
dgfs	4.321**	3.737**	0.214
	(1.840)	(1.867)	(1.322)
ipp	2.512*	2.987**	3.611***
	(1.399)	(1.466)	(1.007)
政府研发补助≤ln(8.0778)	0.669	0.0110	
	(0.873)	(0.106)	
政府研发补助>ln(8.0778)	0.0717*	−0.0275*	
	(0.0423)	(0.0163)	

续表

变量	研发补助		低碳补助
	Ogr 1	Fgr 2	Ogr 3
	lnlc	lnlc	lnlc
低碳补助≤0.0247			0.292***
			(0.0966)
0.0247≤低碳补助≤0.0253			1.308***
			(0.2110)
低碳补助＞0.0253			0.007*
			(0.0401)
Constant	0.360	0.297	0.933
	(0.999)	(1.010)	(0.850)
Observations	270	270	300
Number of provid	30	30	30
R-squared	0.554	0.549	0.654

注：括号内为 t 检验值，*、** 和 *** 分别表示在 10％、5％和 1％的水平上显著。

根据表 7-1 和 7-3，本书采用面板门槛模型估计方程 Ogr 1、方程 Ogr 3，回归结果见表 7-3。综合表 7-2、7-3 可知：费用型环境规制的研发补助门槛值为 8.0778；当研发补助低于 8.0778（3222.1367 万元）时，费用型环境规制的系数为正但不显著；当研发补助高于 8.0778 时，在 10％的显著性水平上显著，这说明随着研发补助力度增大，费用型环境规制会使得绿色创新效应降低，补助越大越可能致使企业放弃研发绿色技术，转而用补助交罚款。方程 Ogr 1 显示，当研发补助低于门槛值时，命令型规制系数为 0.669，但是在 10％显著性水平下不显著；当研发补助高于门槛值时，系数为 0.0717，在 10％显著性水平上显著。这说明随着研发补助力度增大，命令型规制的绿色创新效应得以增强，并且由于研发补助的门槛值相同,这说明如果政府给予等同于门槛值的补助,由于命令型环境规制系数大于费用型环境规制系数($0.0717 > -0.0275$),采用上述两种异质型工具的最终结果仍是促进绿色创新的。方程 Ogr 3 显示,命令型环境规制的低碳补助门槛值为 0.0247 和 0.0253,表明当低碳补助低于 2.47% 时,命令型环境规制系数为 0.292。当低碳补助在 2.47%~2.53% 时,命令型环境规制系数为 1.308,在 1% 显著性水平下显著;当低碳补助高于 2.53% 时,命令型环境规制系数为 0.007,在 10% 显著性水平上显著。这表明低碳补助对命令型环境规制的绿色创新效应具有调节效应,随着低碳补助力度增大,命令型环境规制的绿色创新效应得以加强。

7.1.3.2 地区异质性分析

下面将通过实证分析简要分析不同地区的政策搭配体系的效果。按照东部、东北、中部及西部四个地区进行划分,分析结果如表 7-4 所示。在东部地区,费用型环境规制与绿色创新呈现负向相关关系,研发补助有正向作用,低碳补助则无影响;在东北地区,命令型环境规制与绿色创新具有负向相关关系,研发补助有正向作用,低碳补助则无显著影响;在中部地区,费用型环境规制与绿色创新具有负向相关关系,研发补助和低碳补助有正向作用;在西部地区,投资型环境规制对绿色创新具有负向作用,低碳补助有显著正向作用。该结果为各地区政府选择环境规制工具提供了参考性的政策意见:东部地区应增加研发补助,减少费用型环境规制工具的使用;东北地区应增加研发补助,减少命令型环境规制工具的使用;中部地区可增加研发补助和低碳补助,减少费用型环境规制工具的使用;西部地区可增加低碳补助,减少投资型环境规制工具的使用。

表 7-4　分地区回归结果

变量	东部		东北		中部		西部	
	m6	m7	m8	m9	m10	m11	m12	m13
	lnlc	lnlc	lnlc	lnlc	lnlc	lnlc	lnlc	lnlc
lngfrdad	0.1080*		0.8111*		0.2440*		0.0747	
	(0.0619)		(0.3906)		(01288)		(0.3134)	
dtbz		−19.8403		5.0625		13.2726*		31.1140*
		(12.4843)		(22.8171)		(7.7075)		(16.9704)
ogr	0.0108	0.0056	−0.0648*	−0.0814*	0.3557	0.3932	0.0731	0.2031
	(0.1049)	(0.0929)	(0.0385)	(0.0429)	(0.5141)	(0.4814)	(0.5030)	(0.3810)
fgr	−0.0747**	−0.0598**	0.1799	0.0656	−0.0713***	−0.0417*	0.0428	0.0116
	(0.0332)	(0.0293)	(0.2716)	(0.2511)	(0.0224)	(0.0212)	(0.0560)	(0.0491)
mgr	18.3307	23.2472	−15.9324	−15.0588	2.6851	1.4846	−40.0592*	−44.2875**
	(16.2027)	(15.3631)	(15.7533)	(17.6872)	(12.5201)	(14.3101)	(20.2946)	(18.2730)
lnerii	−2.8124	−0.3689	−5.4870	−8.2511*	−1.8004	−1.7536*	3.4005**	2.3664*
	(2.3405)	(0.7741)	(4.0911)	(4.0793)	(1.1554)	(1.0011)	(1.4569)	(1.1868)
Constant	4.4259	2.5617	−28.8412**	−28.7047**	12.5720**	15.5956***	17.8470**	17.8684***
	(4.7541)	(2.1472)	(7.4455)	(10.0327)	(5.4093)	(5.0922)	(7.4157)	(6.0056)
控制变量	是	是	是	是	是	是	是	是
Observations	90	100	27	30	72	80	81	90
R-squared	0.9090	0.9177	0.9902	0.9829	0.9411	0.9263	0.9177	0.9200

注：括号内为 t 检验值，*、** 和 *** 分别表示在 10%、5% 和 1% 的水平上显著。

与市场型环境规制工具相比，我国命令型环境规制的作用效果更显著，可能有以下两方面原因：(1)国有企业是污染排放的主要参与者，但同时也是实施污染减排的重要参与者。目前,我国已将减排目标纳入国有企业绩效评估体系。命令型环境规制必然涉及制定更严格的法律法规,国有企业要起到表率作用。因此,国有企业已成为政策传导渠道,命令型规制的效果可能好于其他规制工具。此外,中央和地方政府还在不断加强环境监督和执法力度,这种机制也有助于提高命令型环境规制的实施效果。(2)目前我国征收的排污费仍处于较低水平,收取的费用低于污染控制成本,比如为了支持电力行业的脱硫和脱硝,中国在 2004 年将脱硫关税提高了 15 元/兆瓦时,2013 年将脱硝关税提高了 8 元/兆瓦时,这些补贴并不足以覆盖所有污染成本。虽然采取这些措施是为了让企业减少 SO_2 和 NO_x 排放,但较低的收费标准也会减弱企业针对污染进行绿色研发的动力,从而减弱排污收费制度的执行效果。市场型环境规制工具的有效运行需要良好的基础条件做保障,如完善的法律体系、一定的监管能力等。就我国现状而言,环境法律体系并不十分完善,市场有效性以及政府监管能力仍有待加强。目前,我国大多采取行政手段管理,这种行政干预不可避免地会影响污染收费水平,容易造成对企业其他决策的挤出,违背收费的初衷,进而影响污染收费制度的有效运行。因此,在当前的绿色创新体系中,命令型环境规制仍然发挥着重要作用,随着法律体系逐渐完善、市场有效性逐渐加强、政府监管能力逐步提高,市场型环境规制工具将会起到越来越显著的作用。

7.2　政府法律支持机制分析

政府治理水平关系到资源配置效率与国家政策执行力度,往往对企业生产经营决策有重大影响，企业创新行为也不例外会受此影响。地方政府出于未来社会福利与经济发展考虑，通常会有意识地引导企业创新行为，比如通过专项补贴、减税或行政命令保护等。绿色技术创新专利具有正外部性，并且具有公共物品特征，这也导致企业进行绿色技术创新时的资金、人员等投入可能无法被完全补偿，逐渐丧失创新主动性（赵颖，2014）。通常情况下，因为减税和补贴可以一定程度上弥补企业技术创新的资金缺口，完善的产权保护制度可以有效维护创新行为的收益，所以地方政府会通过给予税收优惠、加强产权保护等措施来有效保护创新成果不受侵害，最终增加社会福利。本部分分析环境规制与政府法律支持对绿色创新的耦合效应。

7.2.1　基准模型回归分析

表 7-5 的结果反映了知识产权保护指数、生产者保护指数对于环境规制对绿色创新影响的调节效应。根据表 7-5 可知，方程 m1、m2 显示，环境规制强度与知识产权保护指数、生产者保护指数的交乘项系数分别为 0.0205 和 0.00306，并且均通过了显著性检验。这意味着政府知识产权保护力度越强，生产者权益保护力度越强，环境规制对绿色创新的影响越大，调节效应越显著。政府支持定位越清晰，企业自身技术创新的主体定位也会越明确，无论是通过减税为企业留存更多资金用于创新，还是通过增强知识产权及生产者权益保护，企业面临的创新成本与风险都会降低，从而提高企业进行绿色创新的积极性。

表 7-5　知识产权保护指数、生产者保护指数对环境规制绿色创新的调节效应

变量	(1) m1 lnlc	(2) m2 lnlc
lnerii	0.145	−0.208
	(0.489)	(0.509)
ippi	−0.00512	
	(0.0108)	
c.lnerii♯c.ippi	0.0205*	
	(0.0119)	
market	0.255	0.235
	(0.180)	(0.181)
urba	7.787**	5.501**
	(3.107)	(2.560)
open	1.934	1.030
	(4.184)	(4.183)
dipp	−14.36**	−8.587
	(7.148)	(6.824)
dgfs	1.686	0.0463
	(1.479)	(1.507)
ipp	2.728	1.660
	(2.062)	(2.065)
_pilri		0.000156
		(0.000888)
c.lnerii♯c._pilri		0.00306**
		(0.00152)
Constant	−1.628	0.485
	(1.630)	(1.245)
Observations	269	269
R-squared	0.918	0.916

注:括号内为 t 检验值,*、** 和 *** 分别表示在 10%、5% 和 1% 的水平上显著。

7.2.2 环境规制工具异质性分析

环境规制强度具有省际绿色创新效应，那么在环境规制强度不变时，采用何种类型规制工具能够更有效刺激绿色创新？表 7-6 为环境规制异质性分析结果。第(1)、(2)列显示，命令型环境规制与知识产权保护指数、生产者保护指数的交乘项系数分别为 −0.0006 和 0.0001，均在 10% 显著性水平下不显著，这可能是由于命令型环境规制带有一定程度强制性，政府无法通过保护产权和生产者权益达到主动刺激企业进行创新的目的。第(3)、(4)列显示，费用型环境规制与知识产权保护的交乘项系数为 0.0016，通过显著性检验，与生产者权益保护的系数为 −0.0001，但在 10% 显著性水平上不显著，这表明政府越重视知识产权保护，费用型环境规制工具的绿色创新效应就越强。第(5)、(6)列显示，投资型环境规制与知识产权保护和生产者权益保护的交乘项系数分别为 0.1472 和 −0.0072，在 10% 显著性水平上均不显著，表明知识产权保护与生产者权益保护并不能促使投资型环境规制的绿色创新效应有所增长。政府支持作用的体现必须让企业意识到自身权益变化，费用型环境规制由于让企业自身经营的成本收益发生了变化，从而让企业会有创新的动力，此时政府给予适当支持，企业绿色创新就会十分明显，但是政府在使用命令型和投资型环境规制工具时带有强制性和主导性，企业自身参与感较低，创新动力就会减弱。不可否认的是地方政府在推进经济增长中所付出的努力，但政府职能转变往往落后于国内外经济形势变化，经济绩效考核也使得地方政府与国家部门间存在环境规制的激励相容问题，央地博弈严重。

　　政府过度干预、办事效率低、引导政策力度低等都是企业环境污染行为的诱因,企业通常会根据外部环境和风险主动选择技术创新目标,若创新者合法权益无法得以有效保护,企业就会追求短期效益,放弃绿色高科技含量、高附加值的项目。如果要改变此类情况,政府首先要控制必要的环境规制强度,其次要擅于采用异质型环境规制工具进行综合治理。从现有实证结果看,地方政府政策应让企业充分认知到环境污染导致的成本收益变化,企业才会主动投资绿色项目,达到经济与环境可持续发展的"双赢"状态。因此,政府除了给予研发补贴等货币型资助外,还要构建优质的政策实施环境,为生产者提供优良的权益保护环境,才能降低外部环境不确定性,有利于企业开展节能减排的绿色技术创新活动。

表 7-6　环境规制异质性分析

变量	(1) m5 lnlc	(2) m6 lnlc	(3) m7 lnlc	(4) m8 lnlc	(5) m9 lnlc	(6) m10 lnlc
ogr	0.0390	0.0174				
	(0.0536)	(0.0710)				
c.ogr♯c.ippi	−0.0006					
	(0.0017)					
lnerii	0.6269	0.6185	0.5053	0.5293	0.5526	0.5756
	(0.4151)	(0.4146)	(0.4246)	(0.4304)	(0.4245)	(0.4201)
ippi	0.0120**	0.0117**	0.0024	0.0115**	0.0096	0.0114**
	(0.0048)	(0.0047)	(0.0066)	(0.0048)	(0.0066)	(0.0048)
market	0.1636	0.1626	0.2485	0.2084	0.2045	0.2024
	(0.1817)	(0.1820)	(0.1794)	(0.1795)	(0.1792)	(0.1795)

续表

变量	(1) m5 lnlc	(2) m6 lnlc	(3) m7 lnlc	(4) m8 lnlc	(5) m9 lnlc	(6) m10 lnlc
urba	4.3749*	4.5657*	3.4039	4.6496*	4.5039*	4.5117*
	(2.4906)	(2.4506)	(2.4723)	(2.4642)	(2.4474)	(2.4506)
open	0.5423	0.5177	2.5032	0.5084	0.4981	0.6040
	(4.1450)	(4.1451)	(4.2487)	(4.1567)	(4.1485)	(4.1565)
dipp	−10.7152	−12.0483*	−14.1035*	−9.1108	−11.2525	−10.2826
	(7.6759)	(7.2720)	(7.3808)	(7.2982)	(7.2384)	(7.0076)
dgfs	1.9250	1.9357	2.2304	1.8887	1.9145	1.9002
	(1.4838)	(1.4846)	(1.5044)	(1.5243)	(1.4851)	(1.4951)
ipp	2.6581	2.6215	3.8306*	2.4715	2.5583	2.5123
	(2.0840)	(2.0815)	(2.1690)	(2.1002)	(2.0786)	(2.0756)
c.ogr # c._pilri		0.0001				
		(0.0005)				
fgr			−0.0239	0.0021		
			(0.0194)	(0.0202)		
c.fgr # c.ippi			0.0016**			
			(0.0008)			
c.fgr # c._pilri				−0.0001		
				(0.0001)		
mgr					−5.0156	−1.7756
					(9.2420)	(8.5418)
c.mgr # c.ippi					0.1472	
					(0.3621)	
c.mgr # c._pilri						−0.0072
						(0.0431)

续表

变量	（1）	（2）	（3）	（4）	（5）	（6）
	m5	m6	m7	m8	m9	m10
	lnlc	lnlc	lnlc	lnlc	lnlc	lnlc
Constant	0.1608	0.0931	0.1483	0.1017	0.1991	0.1664
	(1.2713)	(1.2635)	(1.2466)	(1.2596)	(1.2571)	(1.2588)
Observations	269	269	269	269	269	269
R-squared	0.9168	0.9167	0.9181	0.9168	0.9167	0.9166

注:括号内为 t 检验值，＊、＊＊和＊＊＊分别表示在 10%、5% 和 1% 的水平上显著。

8 环境规制对绿色创新的影响：调节效应检验

前面的章节已经证明了政府环境规制对绿色创新的影响，然而并未对环境规制做细致的类别划分，这也许会导致不能很好地认识到不同环境规制对绿色创新所带来的影响，因此在本章节的分析中将环境规制划分为命令型和费用型环境规制等。最为重要的是，我们要探讨环境规制对绿色创新影响的内在运行机制是什么，只有通过挖掘其背后的路径机制，才能有更深层次的理解，找到存在的问题，最终提出可行的对策建议。

8.1 产业结构的调节效应

创新是在打破原有的生产要素布局基础上优化重组，可以有效提高劳动生产率，进而促进经济的可持续增长。由于生产要素、产业结构、社会制度等因素都在一定程度上受制于技术变迁的可能性和速度，虽然创新包含多种形式，如技术创新、制度创新、组织创新、产品创新、文化创新等,但是技术创新始终都最为主要的。

环境规制会使产业结构发生变化,不同的产业结构会导致技术创新的能力和效果不同。主要原因在于,不同环境规制工具会通过影响产业资源消耗方式和排污水平影响企业的成本和收益,产业发展过程中,通过引导产业向低碳绿色产业方向发展,可以刺激绿色创新效应发挥,实现生态文明建设和经济发展的平衡。同时,我国一直积极致力于探索经济、环境和谐的绿色发展方式。产业结构调整是沟通经济与环境的桥梁:一方面,直接影响经济系统资源利用效率以及污染物排放,既是资源投入产出的转换器,也是污染物的排放载体;另一方面,环境规制相当于间接引起生产要素价格上升,无疑会增加运营和生产成本,在理性人假设下,企业会调整产品区位、组织结构、技术水平等,进而驱动产业结构的调整,这也是产业结构调整的内在驱动机制。

环境规制影响产业结构调整的相关理论和实证研究并不多见。于立宏等(2013)探讨了能源替代战略对地区产业结构优化的影响。廖明球(2011)构建了投入产出模型研究节能减排目标下的产业结构调整。姚昕和刘希颖(2010)研究了减排政策对产业结构调整的影响。谭娟和陈晓春(2011)研究发现,环境规制对产业结构的影响并不是非正即负的线性关系,环境规制影响所引起的生产行为调整很可能依赖于以往环境规制的累积程度,表现出非线性关系。原毅军和谢荣辉(2014)研究了环境规制对产业结构调整的空间差异,但正式环境规制与非正式环境规制方式对产业调整的效果存在差异。因此,下面将重点探讨环境规制、产业结构优化、绿色创新之间的关系。

8.1.1 变量选取与模型设定

环境规制与产业结构优化并非相互独立的,为探求二者之间的因果关系需要控制非时变因素的影响。本部分采用中国 30 个省、自治区(除西藏自治区外)、直辖市 2008—2019 年的面板数据分析环境规制对产业转移和产业升级的影响。

通常产业转移可由区域间投入产出或借助区位熵指数进行测度,鉴于前者需要参照投入产出表进行分析,无法满足连续年份的研究要求,所以借鉴覃成林和熊雪如(2013)的研究,选用区位熵指数差分加权值测度产业转移变化量。区位熵指数 TRI 如式(8.1)所示,其中:i 表示区域,t 表示年份,k 表示产业,l 表示从业人数。式(8.2)采用区位熵的差分表示产业转移相对量,$\Delta \text{TRI} > 0$ 表示产业转入该区域,$\Delta \text{TRI} < 0$ 表示产业转出该区域,$\Delta \text{TRI} = 0$ 表明产业既未转入也未转出。采用产业 k 增加值占所有行业增加值比重 P_{it}^k 作为权重,最终产业转移相对量如式(8.3)所示。

$$\text{TRI}_{it}^k = \frac{l_{it}^k / \sum_{k=1}^{m} l_{it}^k}{\sum_{i=1}^{n} l_{it}^k / \sum_{k=1}^{m} \sum_{i=1}^{n} l_{it}^k} \tag{8.1}$$

$$\Delta \text{TRI}_{it}^k = (\text{TRI}_{it}^k - \text{TRI}_{it-1}^k) \tag{8.2}$$

$$\text{indra}_{it} = \sum_{k=1}^{K} \Delta \text{TRI}_{it}^k \times P_{it}^k \tag{8.3}$$

借鉴黄亮雄等(2013)的方法,采用产业结构高度化指数衡量产业结构升级,如式(8.4)所示。其中:P_{it}^k 为产业 k 增加值占所有行业总增加值的比重，TFP_{it}^k 为 t 年 i 地区 k 产业的全要素生产率。基于 DEA-Malmquist 指数方法，以资本与劳动力作为两种生产要素投入，行业总产值作为产出进行测算，衡量中国 30 个省、区、市分行业历年全要素生产率。产业结构高度化指数越大，产业升级程度越高。

$$\mathrm{changao}_{it} = \sum{}^{k}_{k=1} S_{ikt} \times F_{ikt} \qquad (8.4)$$

由于因变量为相对值指标，为解决异方差问题，会对模型中某些控制变量进行对数化处理，同时引入环境规制强度的平方项，检验环境规制对产业转移与产业升级是否存在门槛值。一般而言，由于产业间、产业内调整过程存在路径依赖，是具有惯性的动态调整过程，所以，环境规制对其影响具有一定滞后性，需要采用动态模型滞后项加以处理，但由于解释变量与随机变量相关的内生性会导致参数估计有偏，所以，借鉴钟茂初等（2015）的做法，采用系统广义矩估计方法估计，模型如下：

$$\mathrm{indra}_{it} = \alpha_0 + \alpha_1 \mathrm{L.indra} + \alpha_2 \mathrm{L.lnerii} + \alpha_3 \mathrm{L.lnerii}^2 +$$
$$\sum \alpha \mathrm{L.}X_{it} + \eta_i + \varepsilon_{it} \qquad (8.5)$$

$$\mathrm{changao}_{it} = \alpha_0 + \alpha_1 \mathrm{L.indra} + \alpha_2 \mathrm{L.lnerii} + \alpha_3 \mathrm{L.lnerii}^2 +$$
$$\sum \alpha \mathrm{L.}X_{it} + \eta_i + \varepsilon_{it} \qquad (8.6)$$

其中：i 表示省份；t 表示时间；Indra 表示产业转移变量；changao 表示产业升级，采用产业结构高度化指数表示；L.lnerii 表示环境规制强度的滞后一期值；η_i 表示不可观测的非时变因素；ε_{it} 为随机误差项；X 表示其余控制变量。

8.1.2 基准回归分析

环境规制强度对产业转移的影响结果表 8-1 所示。

首先，考察环境规制对产业转移的影响，模型 m9 在控制其余变量条件下，只放入环境规制强度的一次项，结果显示其系数为正，在 10% 显著性水平上显著；模型 m10 在 m9 基础上又加入环境规制强度二次项，其系数在 10% 显著性水平上不显著，表明环境规制与产业转移不存在"U 形"关系；由于一定时期内，同一地区污染企业总量基本不变，前一期转移越多，当期转移就会减少，所以产业转移滞后值在 1% 显著性水平上显著为负，这符合预期；模型中控制变量大多显著，基本符合预期。

其次，采用同样方法检验环境规制对产业升级的影响，如模型 m11、m12 所示。可以看出，环境规制与产业升级呈线性关系，环境规制越强，产业升级也越强，但从理论上分析，环境规制对产业升级应该存在一个临界值，不可能一直线性增长，所以该结果可能是由于数据年份过短造成的，后续待更完善的数据公布后可进行更深入研究。由于产业升级具有一定连续性，产业升级滞后变量符号为正，表明前期产业升级将对当期产业升级产生正面影响，符合理论预期。

综合上述结果可知，环境规制强度越高，产业转移程度越高，产业升级程度越高，并且模型结果显示不存在"U 形"或"倒 U 形"等非线性关系，这种线性关系可能是由于数据年份过短造成的，仍有待后续探讨，但是显而易见的是环境规制强度提高对产业转移和产业升级是有促进作用的。

表 8-1　环境规制强度对产业转移的影响

变量	（1） m9 indra	（2） m10 indra	（3） m11 changao	（4） m12 changao
L.indra	−0.3797***	−0.3871***		
	(0.0744)	(0.0748)		
L.lnerii	0.2074*	0.2497**	0.0363	−0.0608
	(0.1159)	(0.1238)	(0.1038)	(0.1117)
L.lnerii²		−0.0677		0.0372
		(0.0693)		(0.0620)
L.ippi	0.0001	0.0005	−0.0004	−0.0006
	(0.0012)	(0.0013)	(0.0010)	(0.0011)
L.market	0.0015	−0.0047	0.0712*	0.0744**
	(0.0409)	(0.0414)	(0.0364)	(0.0369)
L.urba	0.6363	0.3998	−0.2665	−0.1348
	(0.5931)	(0.6407)	(0.5270)	(0.5717)
L.open	−0.7830	−0.7940	1.0330	1.0394
	(1.0065)	(1.0067)	(0.8899)	(0.8915)
L.dipp	1.6175	1.7997	−1.9377	−2.0468
	(1.7458)	(1.7559)	(1.5457)	(1.5589)
L.dgfs	−0.5006	−0.4981	0.3628	0.3623
	(0.4401)	(0.4402)	(0.3919)	(0.3926)
L.ipp	0.1043	−0.0661	−0.6178	−0.5290
	(0.5383)	(0.5660)	(0.4790)	(0.5021)
L.changao			0.0179	0.0155
			(0.0875)	(0.0878)
Constant	−0.2723	−0.0582	1.0838***	0.9652***
	(0.3223)	(0.3898)	(0.3028)	(0.3620)
Observations	240	240	235	235
R-squared	0.2754	0.2790	0.4331	0.4341

注：括号内为 t 检验值，*、** 和 *** 分别表示在 10%、5% 和 1% 的水平上显著。

8.1.3 环境规制工具异质性分析

异质型环境规制工具对于产业演进的影响不尽相同,不同环境规制工具的治理原则也不尽相同。投资型环境规制工具对环境污染治理进行投资,属于从源头处理污染;费用型、命令型环境规制对污染物排放程度进行收费或者处罚,属于从末端治理污染。

本部分分别考察三种环境规制工具对产业转移和产业升级的影响。由于不同环境规制工具之间可能存在相关性,为避免多重共线性问题,在控制环境规制强度不变后,将三种环境规制工具 ogr(m13 和 m14)、fgr(m15 和 m16)、mgr(m17 和 m18)逐一加入模型、引入二次项,相关结果见表 8-2。结果表明,命令型、投资型环境规制会显著降低产业转移,费用型环境规制则会促进产业转移,并且二次项系数均不显著,表明不存在"U 形"或"倒 U 形"关系。

表 8-2 环境规制工具对产业转移的影响

变量	(1) m13 indra	(2) m14 indra	(3) m15 indra	(4) m16 indra	(5) m17 indra	(6) m18 indra
L.indra	−0.2365***	−0.2386***	−0.2106***	−0.2092***	−0.2232***	−0.2256***
	(0.0734)	(0.0741)	(0.0749)	(0.0754)	(0.0745)	(0.0743)
L.ogr	−0.0250***	−0.0165				
	(0.0089)	(0.0335)				
L.ogr^2		−0.0012				
		(0.0046)				

续表

变量	(1) m13 indra	(2) m14 indra	(3) m15 indra	(4) m16 indra	(5) m17 indra	(6) m18 indra
L.lnerii	0.2407**	0.2428**	0.3186***	0.3209***	0.2114*	0.2381**
	(0.1069)	(0.1075)	(0.1167)	(0.1175)	(0.1106)	(0.1115)
L.market	−0.0105	−0.0107	−0.0599	−0.0599	−0.0368	−0.0440
	(0.0374)	(0.0374)	(0.0390)	(0.0391)	(0.0384)	(0.0386)
L.urba	0.5064	0.4771	0.5183	0.5183	0.5358	0.5348
	(0.5604)	(0.5723)	(0.5957)	(0.5970)	(0.5928)	(0.5908)
L.open	−0.4094	−0.4078	−0.2594	−0.2317	−0.3320	−0.3307
	(0.9698)	(0.9718)	(1.0078)	(1.0191)	(1.0009)	(0.9975)
L.dipp	2.5818	2.5263	1.4148	1.3150	2.1997	2.2542
	(1.6739)	(1.6904)	(1.7100)	(1.7823)	(1.6767)	(1.6714)
L.dgfs	−0.0138	−0.0168	0.0854	0.0699	0.0849	0.0364
	(0.4211)	(0.4221)	(0.4303)	(0.4378)	(0.4281)	(0.4277)
L.ipp	0.2353	0.2499	0.3846	0.3854	0.4556	0.5034
	(0.5092)	(0.5133)	(0.5194)	(0.5205)	(0.5173)	(0.5164)
L.fgr			0.0057*	0.0073		
			(0.0031)	(0.0086)		
L.fgr^2				−0.0000		
				(0.0002)		
L.mgr					−0.3668**	−0.5810**
					(0.1832)	(0.2961)
L.mgr^2						16.1813
						(102.1729)
Constant	−0.4062	−0.3988	−0.4936	−0.4982	−0.4559	−0.4030
	(0.2990)	(0.3009)	(0.3074)	(0.3089)	(0.3048)	(0.3056)
Observations	276	276	270	270	270	270
R-squared	0.2818	0.2820	0.2678	0.2679	0.2751	0.2832

注:括号内为 t 检验值,*、** 和 *** 分别表示在 10%、5% 和 1% 的水平上显著。

　　环境规制对产业升级影响的结果如表 8-3 所示。同上述分析类似，为避免多重共线性问题，依旧在控制环境规制强度不变后，将三种环境规制工具 ogr（m19 和 m20）、fgr（m21 和 m22）、mgr（m23 和 m24）分别加入模型，再逐一引入二次项。结果表明，命令型环境规制对产业升级的影响不显著，费用型环境规制与产业升级存在"U 形"关系，当超过一定临界值时才会对产业升级有正向影响，投资型环境规制对产业升级有正向影响。综上，费用型、投资型环境规制工具对产业升级会起到促进作用。

表 8-3　环境规制工具对产业升级的影响

变量	(1) m19 changao	(2) m20 changao	(3) m21 changao	(4) m22 changao	(5) m23 changao	(6) m24 changao
L.changao	−0.0097	−0.0107	−0.0126	−0.0233	−0.0005	−0.0081
	(0.0868)	(0.0872)	(0.0863)	(0.0856)	(0.0856)	(0.0856)
L.ogr	0.0051	0.0001				
	(0.0079)	(0.0354)				
L.ogr^2		0.0007				
		(0.0047)				
L.lnerii	−0.0333	−0.0332	−0.0826	−0.1063	0.0311	0.0616
	(0.1039)	(0.1042)	(0.1084)	(0.1079)	(0.1061)	(0.1085)
L.market	0.0670*	0.0672*	0.0799**	0.0784**	0.0562	0.0468
	(0.0371)	(0.0372)	(0.0366)	(0.0363)	(0.0364)	(0.0371)
L.urba	−0.2260	−0.2267	−0.2714	−0.3333	−0.3392	−0.3301
	(0.5220)	(0.5233)	(0.5201)	(0.5157)	(0.5159)	(0.5150)

续表

变量	（1） m19 changao	（2） m20 changao	（3） m21 changao	（4） m22 changao	（5） m23 changao	（6） m24 changao
L.open	1.0129	1.0223	0.9408	0.7129	1.0205	0.9524
	(0.8886)	(0.8933)	(0.8870)	(0.8843)	(0.8761)	(0.8761)
L.dipp	−2.2995	−2.2508	−1.5118	−0.7335	−2.3042	−2.2396
	(1.5274)	(1.5682)	(1.5441)	(1.5694)	(1.4736)	(1.4719)
L.dgfs	0.3912	0.3999	0.4273	0.5895	0.4050	0.3883
	(0.3904)	(0.3960)	(0.3900)	(0.3932)	(0.3845)	(0.3840)
L.ipp	−0.5737	−0.5798	−0.5074	−0.5392	−0.5894	−0.5586
	(0.4775)	(0.4805)	(0.4787)	(0.4742)	(0.4692)	(0.4690)
L.fgr			−0.0051	−0.0207 **		
			(0.0037)	(0.0080)		
L.fgr^2				0.0005 **		
				(0.0002)		
L.mgr					0.3478 **	−1.4118
					(0.1755)	(4.0517)
L.mgr^2						113.3977
						(87.8597)
Constant	1.0284 ***	1.0308 ***	1.0405 ***	1.1343 ***	1.0398 ***	1.0832 ***
	(0.2881)	(0.2893)	(0.2855)	(0.2859)	(0.2826)	(0.2841)
Observations	235	235	235	235	235	235
R-squared	0.4339	0.4340	0.4382	0.4523	0.4497	0.4545

注：括号内为 t 检验值，*、** 和 *** 分别表示在 10%、5% 和 1% 的水平上显著。

在改革开放政策下，众多国外企业来到中国建厂，东部地区经济开始蓬勃发展，不断推动国内经济迈上新台阶，但也加剧了国内区域经济差距。这种差距除表现在经济增长方面，还表现在人才、资金、资源、地理位置等方面。为此，国家出于战略性考虑开始进行产业转移，颁布多项产业转移政策引导投资、人才、技术等生产要素进行合理流动，对当地绿色创新活动产生影响。

首先，在市场竞争条件下，产业转出地生产效率高、技术先进、产品附加值高，出于产业升级和城市规划等目的，重污染企业会逐步从本地转出，绿色创新效率较高的企业得以保留，这使转出地的产业绿色创新效率得以提高。另外，创新具有不确定性，承接地企业通常面临经营风险，往往不敢创新，而转入企业在转入时往往会在初期选择合作伙伴分担，因为不熟悉本地市场规则，担心产生经营风险。产业转移在一定程度上起到了桥梁作用，双方在合作的基础上既缓解了承接地企业创新的技术、资金压力也减轻了转入企业的经营风险。因此，虽然产业转移打破了承接地产业原有的产业模式，以及市场产业份额平衡，但在"鲶鱼效应"作用下，随着产业转移，当地产业会不断进行技术创新来提高生产效率，通过不断引进、吸收、再创造外来企业的先进技术和管理经验维持其在当地市场的现有份额，转入企业会促使当地企业重视新技术研发，本地企业会掌握更先进的清洁技术，提高资源利用率，降低环境污染。

其次，在承接地企业技术的追赶下，企业间差距会迅速减小，为巩固企业原本收益，外来企业会展开新一轮技术研发，达到更加高的资源利用率，而新开发技术往往也更加清洁，从而使得承接地绿色创新水平持续提高，驱动绿色创新。此外，产业转移导致的投资增加、人才集聚也有助于促进当地技术扩散的正外部性,外来高技术人员在与原来的技术人员的交流互动中会产生"涓滴效应",逐渐提高当地技术人员水平,带动企业研发,从而驱动当地绿色创新效果的发挥。

最后,产业转移通常是东—西方向的梯度转移,产业转出地—产业发展较为成熟,市场饱和度高,出于扩大市场规模、提高销售收入的目的,企业通常会选择将饱和产业向原材料产地、资源丰富等地区转移,开辟新区域,产业落地后,当地产业与新产业相关联的上下游诸多其他产业出于配套目的,也会随之进行相应技术创新,进而提高绿色创新效应。

实证检验也显示,转入产业会通过四种效应为当地产业带来技术溢出。第一,技术示范效应。研究显示,本地企业会仿造外来企业的产品来获取相应高级别技术(Glass and Saggi,1998),外来企业也确实使得承接地产品外观设计专利数量上升(Cheung and Ping,2004)。第二,人才流动效应。外来企业产业转移进入后,通常会在承接地招聘新员工并进行培训,这些人员在学习外来企业先进生产技术和管理经验后,如果跳槽到本地企业,就会将所学技术带入本地企业,产生技术正外部性即技术溢出(Arora et al.,2001)。第三,市场竞争效应。技术领先的外地企业通过产业转移进入本地后,会将更低的生产成本转变为产品价格的优势,从而争夺市场份额,承接地企业在"倒逼"下会进行技术创新,提高自身生产效率(Blomström et al.,2000)。第四,联动发展效应。顺着产业链下游看,外来企业产品规模扩大会带动本地中间投入品需求增加,使本地厂商获得更高的收益,会有更多投入促进技术创新;逆着产业链上游看,中间品需求增加也会导致投入品种类需求增加,刺激本地投入品生产商进行技术创新以适应新需求。当然也有可能本地企业在吸收外来企业的先进技术后，技术投入的边际收益导致本地企业短期有减少技术创新投入的倾向，但是当技术水平蔓延至整个区域后，会有企业为扩大规模和收入再次增加技术创新投入，达到市场领先的目的（Rodríguez-Clare，1996）。

8.2　技术创新投入机制效应分析

环境规制是一种约束性力量，Hojnik 和 Ruzzier（2016）认为环境规制对绿色创新的 R&D 经费投入有驱动作用。命令型环境规制通常与违规惩罚相联系，驱动企业兼顾生态效益。蒋为（2015）也认为受到命令型环境规制牵制的企业进行技术创新投入的可能性更大。费用型环境规制要通过市场信号引导企业污染行为，一定程度上给予企业选择污染排放量的自由，为污染损失支付的费用也为污染者提供了创新激励，通过价格控制实现污染控制（Kolstad，2011），有些费用会通过奖励转移支付给生产企业，也会降低绿色技术创新的研发风险预期，提高绿色创新的收入预期，进而促使企业有动力采取相应的研发手段来改变企业的非绿色生产。Kathuria（2007）指出公众参与类的环境规制手段虽然不具有强制性，但更能展示企业对待环境问题的态度，产品设计、产品生产的相关技术活动和产品的绿色销售，对塑造绿色环保的形象大有裨益，会刺激企业增加 R&D 经费投入。

环境规制强度与创新投入呈非线性关系。娄岩峰（2020）采用广义倾向得分匹配的计量反应函数，分析得出创新投入规模会随着环境规制强度的增加呈现先增后降的"倒 U 形"关系。当强度超过临界值时，二者关系就不再具有显著性，显然二者之间关系存在最优政策区间。从产权关系看，不同产权性质的企业，环境规制强度对创新投入的影响也有所差异。外资企业技术创新投入的环境规制区间较窄，处理效应较弱；民营企业的技术创新投入的环境规制区间更大，并且政策效果也强于外资企业；国有企业技术创新投入的环境规制区间最大，对技术创新投入的影响也最大。最优政策强度区间按范围从大到小排列依次是国有企业、民营企业、外资企业。从行业角度看，污染行业与清洁行业对待环境规制强度上升的技术创新投入力度也有所差异。污染行业对环境规制强度更加敏感，强度上升以后，压力更大，倒逼创新产生的激励更强，而清洁行业对环境规制强度则并不太敏感。从各区域看，对于东部地区而言，环境规制强度略微提高就能促进企业增加创新投入，但是政策实施效果也会比中、西部地区企业低。与东部地区相比，中、西部地区企业在环境规制强度提高后，创新投入更加明显，但是"倒逼"创新投入的最优环境规制强度值更大。从环境规制工具看，命令型和公众参与型环境规制约束力较强，较易促进制造业企业的创新投入，而市场型环境规制约束力不足，需要强度超过阈值才能促进企业加大创新投入。虽然异质型环境规制工具对技术创新投入有驱动作用，但是本质上还是要看环境规制的约束力是否到位。

虽然环境规制会增加企业创新投入，但企业创新是有方向性的，企业是否会选择绿色技术创新需要数据和事实检验。本部分想要检验"环境规制—技术创新投入—绿色创新"这一传递机制，但由于"环境规制—技术创新投入"这一链条已由其他文献做过检验，本部分主要检验"技术创新投入—绿色创新"这一链条。

8.2.1 模型设定与变量

本节利用面板门槛效应模型分析政府研发补助、低碳补助在异质型环境规制的绿色创新效应中的调节作用。在进行具体方程参数估计前，借鉴 Hansen(1999)的方法，按照从复杂到简单的原则对环境规制工具进行门槛效应检验，即按照"三门槛—两门槛—单门槛"的顺序执行。基准回归模型如下：

$$\mathrm{lnlc}_{it} = \nu_0 + \nu_1 \times \mathrm{lncrd} + \chi X_{it} + \upsilon_{it} + \psi_{it} \qquad (8.7)$$

$$\mathrm{lnlc}_{it} = \beta_0 + \beta_1 \times \mathrm{lncrd}(\mathrm{lncrd} \leqslant \eta_1) + \beta_2 \mathrm{lncrd}(\eta_1 < \mathrm{lncrd} \leqslant \eta_2) +$$
$$\beta_3 \mathrm{lncrd}(\mathrm{lncrd} > \eta_2) + \zeta X_{it} + \mu_{it} + \psi_{it} \qquad (8.8)$$

其中：lnlc 代表绿色创新产出，X 为一系列控制变量，ψ 是随机误差项，lncrd 代表创新投入，γ_n 表示门槛值。

8.2.2 模型回归分析

表 8-4 为门槛效应检验结果，表 8-5 为门槛估计量，表 8-6 为技术创新投入对绿色创新的影响结果。

表 8-4 显示，技术创新投入的三门槛和双门槛效应均不显著，单门槛效应显著，门槛值为 12.0957(17.91 亿元)。

表 8-6 第(1)列显示：使用 ols 估计技术创新投入对绿色创新的平均影响，技术创新投入系数为 0.7789，在 5% 显著性水平下显著，表明综合 R&D 经费投入增长有助于绿色创新专利数量增加。第(2)列显示：

采用面板门槛模型估计技术创新投入对绿色创新的非线性影响。技术创新投入对绿色创新影响的结构突变点为 12.0957；当综合 R&D 经费投入低于 17.91 亿元时，技术创新投入系数为 0.8268，在 1% 显著性水平下显著；当综合 R&D 经费投入高于 17.91 亿元时，技术创新投入系数为 0.8974，在 1% 显著性水平下显著。这说明，随着研发投入力度增大，研发投入对绿色创新的影响会有正向突变，资金投入越多，绿色创新的数量就会更多。

表 8-4　门槛效应检验结果

模型		RSS	MSE	Fstat	Prob	Crit10	Crit5	Crit1
	单门槛	68.3052	0.2355	21.74	0.0933	21.3330	24.5326	38.5538
LnCrd	双门槛	66.3088	0.2287	8.73	0.5833	22.0117	26.9762	38.4550
	三门槛	65.3958	0.2255	4.05	0.9133	19.0899	26.8948	39.9217

表 8-5　门槛估计量

变量	模型	门槛值对数	门槛值	95% 置信区间	
lncrd	单门槛	12.0957	179100.0737	12.0417	12.1134

表 8-6　技术创新投入对绿色创新的影响

变量	(1) m10 lnlc	(2) m11 lnlc
Lncrd	0.7789**	
	(0.3194)	
lnerii	0.3929	0.3682
	(0.4225)	(0.3507)

续表

变量	(1) m10 lnlc	(2) m11 lnlc
ippi	0.0090*	
	(0.0048)	
market	0.1291	0.1896
	(0.1779)	(0.1354)
urba	3.9018	4.3428**
	(2.4378)	(2.0661)
open	1.1046	2.4796
	(4.1262)	(3.0555)
dipp	−5.7803	−4.5237
	(7.1698)	(6.1918)
dgfs	0.8994	−0.0738
	(1.4906)	(1.3524)
ipp	2.5089	−0.3189
	(2.0640)	(1.2455)
0b._cat # c.lncrd		0.8268***
		(0.2420)
1._cat # c.lncrd		0.8947***
		(0.2385)
Constant	−10.3729**	−10.7877***
	(4.5610)	(3.2719)
Observations	270	300
R-squared	0.9193	0.6362
Number of provid		30

注:括号内为 t 检验值,*、** 和 *** 分别表示在 10%、5% 和 1% 的水平上显著。

8.3 双向 FDI 机制分析

改革开放以后,伴随着经济发展水平的提高,我国环境污染问题也越来越严重,环境监管也经历了从松到严的过程。

Copeland 和 Taylor(1994)、Cole 等(2006)指出在不同环境规制强度以及异质型环境规制工具下,双向 FDI 对绿色创新会呈现出非线性的影响。当环境规制强度较低时,双向 FDI 对绿色创新的影响实际是在一定环境规制强度下,比较迁移成本与污染成本;若迁移成本大,则选择将污染企业留在母国,若污染成本大,则选择将污染企业迁去东道国。当东道国环境规制强度较低时,污染密集型产业生产成本较低,国外将污染密集型、资源消耗型等低端产业的企业向东道国转移,东道国环境污染程度不断加剧,成为"污染天堂";当母国相比于其他国家环境规制强度更低时,母国污染成本较低,迁出成本较高,此时会选择将污染密集型产业留在国内。对我国而言,"唯经济增长"导致的央地博弈、省际博弈行为会导致环境规制强度有意或无意地降低,出现"逐底竞争"问题。因此,当东道国或母国其中之一环境规制强度相对较低时,双向 FDI 会导致污染密集型产业在该国不断增加,产业结构趋于重污染化,对绿色创新造成显著负向影响。

Antweiler 等(2001)指出当环境规制强度较高时,东道国环境监管愈发严格,环境规制强度较高使得外来企业在生产过程中必须使用更先进的清洁技术,在减少污染的同时也会促进东道国清洁技术的进步,产生"污染光环"效应，并且清洁技术所产生的外部性也会促进东道国产业结构升级；当母国环境监管严格后，为达到减少生产成本的目的，对外直接投资企业通常会将污染密集型等类的低端产业转移到环境规制强度较低、监管较松的国家开辟新的"污染天堂"，随之而来的是，高技术、清洁型产业就会留在母国，逐渐形成产业集聚，从先进国家学习借鉴的高科技含量的清洁型生产技术足以满足环境监管要求。所以当环境规制强度较高时，双向 FDI 在本国会促成高技术、清洁型产业集聚，带动本国产业升级提高绿色创新效应。

8.3.1　模型与变量

当东道国或母国其中之一环境规制强度相对较低时，双向 FDI 会导致污染密集型产业在该国不断增加，产业结构趋于重污染化，对绿色创新效应造成显著负向影响；当环境规制强度较高时，双向 FDI 在本国会促成高技术、清洁型产业集聚，带动本国产业升级，提高绿色创新效应。本部分依旧采用门槛模型对上述机理分析进行实证检验。

$$
\begin{aligned}
\ln lc_{it} = {} & \alpha_{it} + \beta_1 \ln lc_{it-1} + \beta_2 \ln eri_{it} \times \ln IFDI_{it} + \\
& \beta_3 \ln eri_{it} \times \ln OFDI_{it} + \beta_4 eri_{it} \times \ln IFDI_{it} \times \\
& \ln OFDI_{it} + \gamma \sum Z_{it} + \varepsilon_{it}
\end{aligned}
\tag{8.9}
$$

$$
\begin{aligned}
\ln lc_{it} = {} & \alpha_{it} + \varphi_1 IFDI_{it} + \delta_1 OFDI_{it} + \varepsilon_1 IFDI_{it} \times \\
& OFDI_{it} I(eri(n)_{it} < \rho_n) + \varepsilon_2 IFDI_{it} \times \\
& OFDI_{it} I(eri(n)_{it} > \rho_n) + \beta \sum X_{it} + \\
& \gamma Z_{it} + \varepsilon_{it}
\end{aligned}
\tag{8.10}
$$

其中：OFDI 与 IFDI 表示对外投资水平与国外投资水平，其他变量与前述基本一致。

8.3.2 环境规制门槛效应检验

通过前文分析可知，环境规制在双向 FDI 的绿色创新效应中具有非线性的调节作用，本部分仍采用面板门槛模型进行分析。由于异质型环境规制工具的作用不同，参照王竹君等（2020）的做法，分别考察环境规制强度与三种环境规制工具对绿色创新效率的门槛作用。依旧从三门槛模型开始检验，结果如表 8-7 所示，可见：市场型与投资型环境规制工具没有通过门槛效应检验，这可能与这两种类型的环境规制工具方差较小有关；环境规制强度与命令型环境规制存在单门槛（10% 显著性水平）。门槛值如表 8-8 所示，环境规制强度门槛值为 -0.6354，由于做门限模型时，已对其做对数化处理，此处作 e 的指数化处理后，为 0.5279；命令型环境规制工具的单一门槛值为 2.0048。

表 8-7　门槛检验

	模型	Fstat	Prob		模型	Fstat	Prob
	单门槛	21.78	0.096		单门槛	11.30	0.383
Lnerii	双门槛	11.92	0.317	Fgr	双门槛	9.78	0.333
	三门槛	8.90	0.540		三门槛	3.41	0.917
	单门槛	8.69	0.093		单门槛	4.28	0.817
Ogr	双门槛	-1.73	0.790	Mgr	双门槛	6.70	0.450
	三门槛	2.01	0.973		三门槛	4.29	0.820

表 8-8   门槛值

	模型	门槛值对数	门槛值	95% 置信区间	
Lnerii	单门槛	−0.6354	0.5279	−0.6673	−0.5967
Ogr	单门槛		2.0048	1.5825	2.0202

8.3.3 环境规制门槛回归结果

表 8-9 给出了环境规制强度和命令型环境规制门槛检验的回归结果,借鉴王竹君(2020)的研究,采用外商直接投资与非金融对外直接投资的交乘项表示双向 FDI,交乘项系数随上述两个变量变动而变动,控制变量的估计系数则不随门槛值变动。表中方程 mm、mn 两列分别表示环境规制强度和命令型环境规制工具的门槛模型结果,模型的拟合优度较高,F 检验都通过,因此模型设置比较合理。

方程 mm 列为环境规制强度对绿色创新的门槛回归结果:(1)当环境规制强度较低时(小于或等于 0.5279),IFDI 系数为负但在 10% 显著性水平上不显著,但 IFDI 与 OFDI 两者的交乘项 lnsfdi 对绿色创新具有显著负向影响(10% 显著性),说明在环境规制强度较低时,"污染天堂"假说成立,双向 FDI 确实会造成污染密集型企业集聚,显著降低绿色创新效应。(2)当环境规制强度较大(大于 0.5279)时,lnsfdi 对绿色创新仍存在促进作用(10% 显著性水平),意味着 IFDI 与 OFDI 两者在绿色创新方面存在互补作用,基本符合本节开头的理论分析。

方程 mn 列为命令型环境规制的门槛回归结果,与 mm 列结果相似,在命令型环境规制较少时(小于或等于 2.0048),IFDI 和 OFDI 交乘项对绿色创新效应存在显著负向影响,说明双向 FDI 在绿色创新方面

存在互补作用。在命令型环境规制增多时（大于 2.0048），双向 FDI 在
10％显著性水平不显著，这可能与模型取得的门槛值较高有关。IFDI
和 OFDI 均对绿色创新存在负向影响，但在 10％显著性水平上不显著，
说明 IFDI 促使重污染低端产业向东道国转移，同时 OFDI 导致的"底
线竞赛"现象可能在我国并非大范围存在。

表 8-9　环境规制强度和命令型环境规制门槛检验

变量	mm lnlc	mn lnlc
Lnsfdi(环境规制强度≤0.5279)	−0.0279*	
	(0.0158)	
Lnsfdi(环境规制强度＞0.5279)	0.0212*	
	(0.0129)	
Lnsfdi(命令型环境规制≤2.0048)		0.0222*
		(0.0126)
Lnsfdi(命令环境规制强度＞2.0048)		0.0252
		(0.0161)
lnifdi	−0.258	−0.217
	(0.195)	(0.199)
lnofdi	−0.256	−0.268
	(0.236)	(0.241)
lngdp	1.271***	1.168***
	(0.397)	(0.411)
market	0.279**	0.188
	(0.136)	(0.139)

续表

变量	mm lnlc	mn lnlc
urba	5.841***	5.739***
	(2.123)	(2.177)
open	3.561	3.275
	(3.465)	(3.540)
dipp	−12.77**	−17.97***
	(6.316)	(6.745)
dgfs	−0.107	0.727
	(1.351)	(1.358)
ipp	−0.305	−0.288
	(1.342)	(1.375)
Constant	−7.769*	−7.383*
	(3.980)	(4.076)
Observations	300	300
F 值	40.65***	43.03***
F 检验	13.47***	12.65***
R-squared	0.646	0.633
Number of provid	30	30

注:括号内为 t 检验值,*、** 和 *** 分别表示在 10%、5% 和 1% 的水平上显著。

市场经济体制的确立和完善使得各行业要遵循市场规律发展。与命令型规制工具相比,市场型规制工具的优势是使资源价值得以充分体现,通过外部成本内部化的方式实现环境资源的最优配置,在价格机制引导下激励企业进行技术研究,采用更先进的技术和环保设备,加强管理和综合利用效率,自觉维护环境,降低管理成本,实现技术创新的目的。不过,市场型规制工具也有其缺点,比如环境资源产权界定困难,必须有完善的市场机制辅助和相配套的法律法规严格规范。

政府和市场在环境治理中相互补充、共同作用。虽然二者在处理环境问题方面的作用方式和作用路径有所区别,但都具备潜在的巨大作用,单独依靠其中任何一方来保护和治理环境都不可取。政府和市场只有全方位、多途径地进行分工协作,才能在控制环境污染的同时促进技术创新。从世界范围来看,发达国家倾向于采用市场型规制工具进行环境治理,因为排污收费、许可证交易、税收、保证金、押金制度及环保基金等经济手段灵活,能够适应市场的快速变化。政府的环境管理职能在环境资源产权难以确定、外部性出现等市场机制无法起作用的方面发挥,政府能够通过经济支持、法律制定和行政规定等手段对环境资源的市场配置进行适当干预,从而弥补市场手段的不足,而在外部性不存在和市场机制健全完善时,政府职能更多体现在加强市场信息服务、维护市场正常秩序等方面。

9 对策建议

本书前几章实证检验了政府环境规制对绿色创新的影响,发现政府环境规制可以在不同路径上显著促进绿色创新。基于前几章的结论,本章将按照我国政府环境规制的不同类别提出促进绿色创新的政策建议。

9.1 完善政府环境制度体系,提升绿色创新能力

完善政府环境规制体系,不仅可以对环境污染发生的各个阶段进行有效的预防与治理,还可以提高企业的绿色创新能力和管理水平。我国当前环境规制下的资源转化率低,生产要素开发不足,只有根据现实发展需要,结合我国国情,制定科学合理的环境规制,才能不断激发绿色创新潜力。

9.1.1 加强政府环境制度建设，完善环境规制机制

（1）构建共同治理的环境规制机制。我国现行环境规制体制是双重管理体制，包括国家环境管理部门和地方各级环境管理部门。这种环境规制体制所造成的权力分散、功能弱化的弊端极大地影响了相关环境政策的制定与实行。要解决我国日益严重的生态环境问题，就必须以国家和地方环保部门为主体，多部门、多机构共同治理；加强环境规制机构的治理，保持环境管理部门的独立性和权威性；借鉴发达国家环境保护的先进经验，使环保法律授权不受其他部门干扰，切实本着环境生态良好发展的原则进行相关工作；提升环境规制相关机构的协调性和整体性，加大主要方面和重点领域的环境监管，充分发挥主导机制，约束机制和激励机制协同合作，促进达成重要决策的共识。

（2）构建科学的环境规制影响评价体系。目前，多地地方政府所执行的单纯以 GDP 为衡量标准的考核，严重影响了我国绿色创新的生态环境规制发展。应建立科学公平、开放民主、以人为本的环境规制绩效考核体系，充分保证广大人民群众的知情权和建议权，为生态环境良好发展提供强有力的支撑。只有改革自上而下的传统考核体系，才能形成以绿色 GDP 为核心，各环境监督管理部门为主体的优良考核体系。建立多元化的评估评价主体体系，让专业的环保技术人员、专家学者等都参与其中，让环境规制影响评价更透明、公平、科学、有效。设计科学的细化的民意调查问卷，获取更多具体的实证资料，采用综合的定量和定性分析方法，形成客观、科学、有效的评估指标。

（3）健全环境监测检查体系。改革生态环境监测体系，提升生态环

182

境监测现代化能力,是构建现代生态环境治理体系的基础。健全监测检查评价制度,明确监测检查的指标和评价方法,形成因地制宜与统一标准相结合、定量分析评价与定性分析评价相结合的生态环境质量监测评价体系。完善统一规划生态环境质量监测网络,利用现代科技数字技术公开共享生态环境监测数据,形成从国家到省再到市的三级大数据平台,促使重点排污企业切实做到"污染—监测—治理"。加强生态环境监督检查管理能力,从中央到地方的所有相关部门都应该按照严格的制度规范和网络布局情况,开展所属职责范围内的监测检查工作。同时,充分发挥公众监督的有效作用,加强新闻等媒介的宣传,拓宽电话和网上投诉等渠道,为公众监督提供便利便捷,切实做到服务群众和依靠群众。

(4)加强环境规制监督惩处力度。鉴于我国目前的发展阶段和现状,必须加强对所有企业排污量的监测和控制,只有加大对违反环境法规制度的部门和企业的处罚力度,才能有效促进环境规制的实施与落实。各个地方环境执法体系的基本建立表明了我国现阶段在环境执法体系方面已经取得了重大进步,但是在实际的执行过程中依然存在着不少问题。在偏远的县区,地方环境执法部门存在执法力度小甚至违法问题。因此,必须借鉴发达国家在环境监测和制裁方面的优秀经验,建立一个协调、综合、公开、透明的监测体系,使环境规则得到理想的执行;提高执法部门的执法能力和执法力度,加大对违法者的经济和行政处罚力度,使各地违反环境生态条件的企业和个人都能得到严厉、明确的处罚,消除一些企业的投机心理,使每一个违反环境规则的案例都深入人心。

(5)完善交易制度。排污权交易制度通过充分发挥市场机制作用能够有效控制环境污染,是我国现行的一种新型环境经济政策,是我国环境政策改革创新的必然选择,对建设生态文明、实现社会可持续发展有重要意义。当前我国的排污权交易制度不完善,缺乏国家层面专门的法规,每个试点地区的排污管理办法和价格指定存在较大差异,也缺少科学先进的测定技术,难以掌握排污总量和污染物的移动规律。因此,应完善排污权交易的法律基础,建立公平合理的初始分配和定价机制。对超出排污规定的行为追究责任并严格处罚。环境主管部门要综合考量区域差异,科学合理地分配排污指标、确定排污总量。要引入公众监督机制到排污权交易制度,通过报纸、电视、网络等媒介公开交易价格、交易进程、交易主体等信息,拓宽公众监督的渠道,让公众切实参与到排污权交易制度的完善中。

9.1.2 提高环境规制政策的灵活性,增强绿色创新能力

(1)制定适应区域差异性的环境规制政策。我国国土面积覆盖范围广,区域资源环境承载能力十分不均衡,全国各地都相应地制定了不同类别的环境政策。环境政策的制定一定要基于各区域的生态环境承载力,区域环境承载力的差异性也决定着各区域差异性的环境规制政策。目前,我国已经基本建成了全国性的环境规制政策,但仍然不完善,市场化、跨区域的政策制定仍需加强。对于市场化水平高的东部地区,应该减少环境规制对绿色创新带来的"扭曲效应",加强市场化导向的绿色创新机制;对于发展相对落后的中、西部地区,要在环境规制驱动绿色转型上加强政策引导,将资源、环境优势转化为发展动力优势,提升中、西部地区抓住绿色技术创新革命机遇的能力。加强区域政策

的针对性、一致性和协同性,确立区域环境规制的核心和方向,建立严格的地区差异环境标准,构建科学、有效、适用的区域差异化的环境规制政策。

(2)制定符合各类企业情况的环境规制政策。针对企业的环境治理需要一个过程,是循序渐进的,也需要分类别、分行业、分规模开展。从长远角度来看,环境政策的制定与强化,可以促进企业迅速地转变生产方式和经营方式理念,推动企业绿色转型升级,实现企业可持续发展。目前,国家优化环境政策,大力鼓励和支持企业绿色创新,这是企业转型发展的重大机遇。针对传统的高污染高能耗企业,要加强对污染物排放量的监督与检测,提高对排污量的审查力度,重新设定生态环境的达标门槛,进而提高环境标准、加强环境监管。针对民营中小企业存在的生产设备落后、环境治理成本高的状况,政府部门要帮助企业更换新的生产技术设备,鼓励其加装一些环境治理装置,如在浙江绍兴,纺织印染业的企业通过淘汰产能落后的设备,合理规划,开发新的中高档的产品,大多数实现了改造升级。针对企业的环境治理要分阶段、分目标进行,让企业的生产经营行为逐步转变为科学、绿色的。

9.2 以"双碳"目标为宗旨,推动绿色创新

我国当前处于能源资源缺口大、生态环境压力大、经济高质量发展阶段,因此,加快绿色低碳发展,实现"双碳"目标,推动绿色创新尤为重要。促进绿色创新是"十四五"规划的重要内容,对资源能源使用、经济

可持续发展、人民美好生活等方面都有重要意义。构建数字经济,扩大绿色产业链,培养绿色创新人才,是实现"双碳"目标、推动绿色创新的重要举措。

9.2.1 "双碳"目标指引,构建数字经济

当今是一个数字化的时代,构建数字经济对于绿色创新发展具有重要意义。实现绿色技术和数字技术深度融合是达成"双碳"目标的关键途径,用数字技术推动绿色产业,提升绿色创新能力。改革开放以来,我国在牺牲环境和发挥劳动力优势的条件下,更多地形成了高能耗、高污染的产业。因此,要加大绿色创新,形成绿色创新产业聚集效应。用数字技术、数字工具调整产业结构,助推传统产业转型,打造新型产业,促进产业绿色化发展,提升产业核心竞争力。地方政府应利用数字技术加大对产能落后、高污染的企业实行改革,提升能源使用效率。应制定科学合理的产业政策,优先发展高科技、低能耗、清洁能源产业。应加大对产业转型的政策扶持,促进产业结构升级,实现"双碳"目标,促进生态环境改善和经济健康发展。

9.2.2 扩大绿色产业链,促进绿色创新

扩大绿色产业链,形成绿色产业聚集效应,对于实现绿色创新有至关重要的作用。首先,确立全产业链的绿色含量标准,明确每个环节对资源环境的消耗量,降低生产、消费、处理、回收再利用各个环节在内的产业链整体对环境的影响。各地区要依据当地资源分布、环境容量和

产业基础,制定产业政策,弥补市场不足,优化资源配置,完善纵向的绿色产业链。应加大对绿色产业的资金和技术扶持,引进绿色环保的企业,转移压缩高能耗环节,扩充低能耗环节,创造新价值环节,在较短时间内扩大并绿色化我国产业链。应制定针对性的发展策略,打造新兴产业链,助推传统产业转型,提升产业链核心竞争力,促进绿色创新。

9.2.3 培养创新型人才,支持绿色创新

技术创新是引领企业发展的第一动力,是建设现代化企业的战略支撑。绿色创新人才不足导致我国传统产业技术水平不高、升级困难、创新能力不强、缺乏产业竞争力,提升产业稳定性和产业绿色化必须要加大对绿色产业人才的培养,提升技术和管理能力,增强产业科技攻关力度。高科技人才的持续培养和引进是绿色技术创新的关键因素,因此企业要加强高科技人才的培养,通过市场化手段引进绿色技术专业人才,与高校、科研机构进行有针对性的合作和人才培养,打造具有多学科视野的高层次行业领军人才。同时,可以提供工具和实验场地,选派有潜力的内部员工进行培训,实现企业与高校、科研机构的深度合作。企业可以通过提高科研人员的薪资待遇来吸引人才,通过解决高科技人才的住房问题来留住人才,让技术人才大胆投入绿色技术创新。

企业要增强数字化技术和现代管理人才队伍的建设,通过专业人才提高产品设计和制造,打造绿色产业,实现绿色生产、绿色营销,提升竞争力。政府要充分发挥自身优势,培养有扎实的经济知识、过硬的创新技术、多学科交叉的人才团队,引领绿色产业的研发、生产和管理。

应鼓励企业与高校、科研机构深度合作,实现资源整合,营造优良的发展环境,加强绿色技术、数字技术方面的创新型人才培养。

9.3 优化营商环境,促进绿色创新

近年来,我国的营商环境逐步得到改善,极大地激发了市场主体的活力和动力。构建市场化和法制化的先进营商环境,优化升级政府营商环境制度体系,有利于促进绿色创新。因此,通过强化环境规制力度,加强监督管理,规范外商投资市场准入机制,发挥税收职能优势等方式,不仅可以优化营商环境,也可以更进一步促进绿色创新。

9.3.1 强化环境规制力度,促进绿色创新

(1)引入第三方治污机构。根据国务院办公厅发布的《关于推行环境污染第三方治理的意见》,让排污者承担治理费用,由委托的第三方机构实行专业化治理。第三方机构与环保机关协同治理,成效将会更显著。通过改革创新治污模式,能够吸引和扩大更多的社会资本投入环保领域,促使第三方机构展开治污效率的竞争,通过技术进步与创新来降低社会污染治理的总成本,将从更大程度上促进环境服务业发展。引入第三方治污机构,可以提高治污效率,减小排污企业的压力,以及减少资金与人力消耗。应进行第三方治污机构权责界定,合理确定其收益,健全公共环境权益保障机制,从而促进环境治理改革。

（2）规范外商投资市场准入机制。外商投资的持续健康发展不仅可以加快供给侧结构性改革，推动我国产业和经济转型发展，也可以加快我国绿色技术创新的研发和绿色创新理念的形成，促进经济增长，实现互利共赢。合理利用好外资要坚持更高水平的对外开放，减少外商投资市场准入限制，注重优化外资结构。要实现开放和绿色创新的双重目标，便需要对外商直接投资有所甄别和限制。政府要制定和完善外商投资相关政策制度，规范市场准入机制，加大重大经贸谈判，为外资"走进来"提供制度保障。科学、合理、规范的准入机制，不仅有利于扩大外商直接投资步伐，创新外商投资发展方式，促使资金流向高科技数字化新兴产业、服务业、金融业等绿色产业，也对全面提升绿色创新能力具有重要现实意义。

9.3.2 加强政府环境规制投资，促进绿色创新

（1）税收优惠。企业的创新发展面临诸多问题，其中资金问题是重中之重，尤其是绿色技术创新企业更是面临融资难、投资风险大、资金匮乏等现实问题。政府提供的各种补贴和税收优惠，不仅能够有效地缓解企业的资金短缺情况，还能在很大程度上激励企业的绿色创新。我国可以借鉴发达国家的绿色创新税收激励机制，比如美国政府为企业绿色创新技术的研发项目提供一定的税收减免，制定关于绿色技术产业方面的税收优惠政策，如减免绿色技术转让和绿色技术研发收入的增值税和所得税。

（2）信贷支持。绿色创新技术需要强有力的资金支持。近年来，我国的绿色金融体系建设取得了巨大进步，绿色信贷是绿色金融体系的

核心。从目前相关机构的预测数据来看,我国绿色信贷规模仍存在很大的发展空间。一方面,政府可以给绿色创新型企业提供信贷担保,帮助企业扩大融资渠道,增加企业的财政专项资金;另一方面,政府可以鼓励银行等金融机构开发适用于清洁能源和绿色交通相关方面的绿色信贷项目与服务,同时研发绿色能源、节能环保行业等方面的绿色低碳金融产品。同时,政府可以积极引导开发个人绿色消费信贷,完善绿色信贷评估体系标准。我国目前绿色信贷主要集中在企业信贷,可以借鉴其他国家经验发展绿色信用卡、电动汽车贷款等,推动个人绿色消费,反过来促进企业进行绿色转型升级。

(3)研发补贴。企业由于研究与开发活动需要,可以从政府方面无偿获得货币性或非货币性的研发补助,其形式主要包含无偿拨款和税收返还,从而保障企业活动顺利进行。政府研发补贴是促进企业绿色技术创新发展的一种重要方式,政府实施的科研经费补助、产品价格补贴、技术补贴等不同的支持补贴机制也极大地促进了企业绿色产品的开发。加大政府对企业绿色创新技术的基础性研发补贴,给予企业研发资金支持,引导企业选择能增加社会福利的研发项目,进而也能促进创新水平。研发补贴既能保证企业在短期内获得流动性较大、稳定性强、无偿性的资金,又能促使企业对研发活动的前景保持积极乐观的态度,提高企业绿色创新意愿。此外,研发补助也是政府部门支持企业技术创新的一种承诺,弥补企业因绿色技术创新不足而造成的社会福利损失,有效解决市场失灵问题。

(4)政府绿色采购。政府通过其强大的购买力,优先购买环保产品,不仅可以鼓励企业生产污染少、回收率高、节约资源的环保产品,提高生产技术水平,保护环境、节约资源、减少污染,还可以鼓励消费者主动选择环保产品。在绿色采购中,政府倡导低碳环保的理念,向消费者传递环境保护、节约资源、循环回收、健康安全的理念。政府绿色公共采购计划的实施,标志着环保标准正式被纳入公共采购模式,对企业的环保可持续生产和消费者的环保可持续消费将产生积极影响和重要作用。例如,政府带头购买低发动机动力或新型节能公务轿车和公共汽车。政府采购新能源汽车,为新能源汽车制造商和消费者树立了信心,也为环境保护作出了贡献。政府绿色采购计划的实施,不仅可以刺激绿色产业和绿色产品的发展、开发,促进绿色技术的发展,还可以引导大多数消费者养成绿色消费习惯。

10 结论与展望

10.1 主要结论

    本书研究了政府环境规制对绿色创新的影响,从产业结构升级、双向 FDI 等角度探讨了政府环境规制对绿色创新的中介与调节机制,主要结论如下。

    第一,总效应。(1)环境规制对绿色创新效率的遵规成本效应要弱于创新补偿效应,使得环境规制对绿色创新效率综合效应为正,波特假说在本书的样本内得到验证。环境规制对绿色创新效率的遵规成本效应程度平均为 0.0016,创新补偿效应程度平均为 0.1841,这使得环境规制对绿色创新效率的净效应程度平均为 0.1825。环境规制双边效应的影响比值分布情况是:遵规成本效应占比仅占 5.11%,而创新补偿效应占比高达 94.89%,未能解释的部分占总方差的比值为 3.39%,环境规制对绿色创新效率的总方差解释力度为 81.61%。平均而言,环境规制的创新补偿效应使得绿色创新效率水平高于前沿水平 18.41%,而环境规制的遵规成本效应使得绿色创新效率水平低于前沿水平 0.16%,两者抵消后的综合作用是使得绿色创新效率水平高于前沿水平 18.25％。（2）环境规制对绿色创新效率的驱动效应随着环境规制强度的增大而增强。（3）环境规制对绿色创新效率驱动效应呈 2012 年前增强而后减弱的"倒 U 形"时间分布特征。2014 年后，环境规制的遵规成本效应有减弱趋势。（4）环境规制双边效应存在空间差异，其中，创新补偿效应相比遵规成本效应的空间差异更为明显。环境规制对绿色创新效率驱动效应较强的区域多位于中西部地区，而东部一些市场化水平较高的地区，驱动效应较弱。（5）环境规制对绿色创新效率的驱动存在环境规制和市场之间的权衡问题。市场化水平越高的地区，环境规制的驱动效应越弱，"扭曲效应"越强。

第二，政府环境规制对绿色创新的中介效应。（1）政府经济支持的中介效应。首先，政府支持与费用型、命令型环境规制存在显著的耦合效应，表明二者相互作用较强。具体而言，随着研发补助力度增大，费用型环境规制会使绿色创新效应减弱；补助越大，越可能致使企业放弃研发绿色技术，转而用补助交罚款。随着研发补助强度增大，命令型规制的绿色创新效应得以增强。低碳补助对命令型环境规制的绿色创新具有调节效应，随着低碳补助力度增大，命令型环境规制的绿色创新效应得以加强。其次，地区异质性分析。在东部地区，费用型环境规制对绿色技术创新有显著负向影响，研发补助有显著正向影响，低碳补助则无显著影响；在东北地区，命令型环境规制对绿色创新具有显著负向影响，研发补助有显著正向影响，低碳补助则无显著影响；在中部地区，费用型环境规制对绿色创新有显著负向影响，研发补助和低碳补助有显著正向影响；在西部地区，投资型环境规制对绿色创新有显著负向效应，低碳补助有显著正向影响。（2）政府法律支持的中介效应。实证分析结果表明:一方面,政府知识产权保护力度越大,生产者权益保护力度越大,环境规制强度对绿色创新的影响越大,调节效应越显著。另一方面,环境规制异质性分析表明,命令型环境规制带有一定程度的强制性,政府无法通过保护产权和生产者权益达到主动刺激企业进行创新的目的;知识产权保护与生产者权益保护并不能促使投资型环境规制的绿色创新效应有所增强。

第三,政府环境规制对绿色创新的调节效应。(1)产业结构的调节效应。首先,环境规制与产业转移不存在"U形"关系,而是呈线性关系,环境规制越强,产业升级也越强。其次,环境规制强度提高对产业转移和产业升级是有促进作用的。再次,一方面,命令型、投资型环境规制会显著使得产业转移减少,费用型环境规制则会促进产业转移。但是,由于二次项系数均不显著,说明变量之间不存在"U形"或"倒U形"关系。另一方面,费用型环境规制与产业升级存在"U形"关系,当超过一定临界值时才会对产业升级有正向影响;投资型环境规制对产业升级有正向影响。(2)技术创新投入的调节效应。实证分析表明,综合 R&D 经费投入有助于绿色创新专利数量增加,正向影响显著。这说明随着研发投入力度增大,研发投入对绿色创新的影响会有正向突变,资金投入越多,绿色创新产生的数量就会更多。(3)双向 FDI 机制。首先,在环境规制强度较低时,"污染天堂"假说成立,双向 FDI 确实会造成污染密集型企业集聚,显著降低绿色创新效应。其次,从环境工具异质性方面看,市场型与投资型环境规制工具没有通过门槛效应检验,这可能与两种类型环境规制工具方差较小有关,环境规制强度与命令型环境规制存在单门槛(10%显著性水平)。此外,双向 FDI 具有互补效应。一方面,当环境规制强度较大(大于 0.5279)时,双向 FDI 对绿色经济效率仍存在促进作用(10%显著性水平),这意味着 IFDI 与 OFDI 两者在绿色创新方面存在互补作用。另一方面,在命令型环境规制较少时(小于或等于 2.0048),IFDI 和 OFDI 交乘项对绿色创新效应存在显著负向影响,说明双向 FDI 在绿色创新方面存在互补作用。

10.2　研究展望

本书存在如下不足:(1)中介机制探讨不充分,尤其是在地区异质性分析中缺少独特的中介效应;(2)政府环境治理代理变量精确度不足,指标选择需要优化;(3)随着地理加权等方法的不断完善,需要做空间溢出效应分析;(4)本书主要集中于探讨中国的情况,缺乏对国外的对比分析。

基于上述不足,未来可以从以下几方面做进一步研究。

(1)中介机制可以向人力资本等方面扩展。随着我国专科、本科及以上学历人员的数量不断扩大,以科研创新为目的的硕士生和博士生的培养是否发挥了应有的作用,抑或是流动到其他岗位,相关问题有待探讨。此外,不同地区的中介机制是不同的。例如,东部地区的中介机制产业结构升级不应再局限于三次产业的调整升级,更应该体现在产品质量的升级上。中西部地区和东北地区是否仍以城镇化、工业化程度提高的产业升级为中介机制需要深入探讨。

(2)政府环境治理的代理变量主要以绿色专利数清洁技术为主,具有一定局限性,从产业集聚理论中涉及的通过集聚带来的外部性可知,政府对环境治理的基础设施投资也许会提高企业绿色创新水平。因此,可以此为代理变量进行相应研究。

(3)随着空间计量方法的不断完善,当地政府环境规制的强度增加会对周边地区的政府行为产生影响,从而对绿色创新产生作用。因此,可以建立空间计量模型对此进行实证分析。

(4)环境问题是全球共同面对的问题,因此,收集国外数据分析某国环境规制对绿色创新的影响意义重大,也可以通过比较分析发现我国在环境规制方面的不足,从而不断提升我国政府的环境治理能力。

参考文献

一、中文文献

白嘉，韩先锋，宋文飞，2013. FDI溢出效应、环境规制与双环节R&D创新：基于工业分行业的经验研究[J]. 科学学与科学技术管理，34(1)：56-66.

白俊红，江可申，李婧，2009. 应用随机前沿模型评测中国区域研发创新效率[J]. 管理世界（10）：51-61.

白雪洁，宋莹，2009. 环境规制、技术创新与中国火电行业的效率提升[J]. 中国工业经济（8）：68-77.

庇古，2003. 福利经济学[M]. 北京：商务印书馆.

蔡乌赶，李青青，2019. 环境规制对企业生态技术创新的双重影响研究[J]. 科研管理，40(10)：87-95.

蔡乌赶，周小亮，2017. 中国环境规制对绿色全要素生产率的双重效应[J]. 经济学家（9）：27-35.

曹霞，于娟，2015. 绿色低碳视角下中国区域创新效率研究[J]. 中国人口·资源与环境，25(5)：10-189.

曹霞，张路蓬，2015.企业绿色技术创新扩散的演化博弈分析[J].中国人口·资源与环境，25(7)：68-76.

曾义，冯展斌，张茜，2016.地理位置、环境规制与企业创新转型[J].财经研究，42(9):87-98.

钞小静，任保平，2011.中国经济增长结构与经济增长质量的实证分析[J].当代经济科学（6）：50-56.

陈超凡，2016.中国工业绿色全要素生产率及其影响因素:基于ML生产率指数及动态面板模型的实证研究[J].统计研究，33(3):53-62.

陈梦根，2005.绿色GDP理论基础与核算思路[J].珠江经济（5）：64-69.

陈诗一，2010.节能减排与中国工业的双赢发展：2009—2049[J].经济研究，45(3)：129-143.

陈子韬,孟凡蓉，王焕，2020.政府支持对高技术产业创新效率影响研究[J].科学学研究（10）：1782-1790.

程都，李钢，2017.环境规制强度测算的现状及趋势[J].经济与管理研究,38(8)：75-85.

程都，李钢，2017.我国环境规制对经济发展影响的分析:基于《中国经济学人》的调查数据[J].河北大学学报（哲学社会科学版），42(5)：96-108.

大卫·皮尔斯，1997.绿色经济的蓝图:绿化世界经济[M].北京:北京师范大学出版社.

丹尼尔·F.史普博,2008.管制与市场[M].余晖，等,译.上海:上海人民出版社.

邓飞，柯文进，2020.异质型人力资本与经济发展:基于空间异质性的实证研究[J].统计研究，37（2）：93-104.

邓小华，陈慧华，2019.环境规制约束下制造业技术创新影响实证分析[J].皖西学院学报，35（2）：89-93，111.

董敏杰，梁泳梅，李钢，2011.环境规制对中国出口竞争力的影响：基于投入产出表的分析[J].中国工业经济（3）：57-67.

董颖，石磊，2010.生态创新的内涵、分类体系与研究进展[J].生态学报，30（9）：2465-2474.

董颖，2010.地方科技进步政策的内涵、体系与区域创新系统关系：以杭州市为例[J].科技管理研究，30（12）：66-68.

董直庆，王辉，2019.环境规制的"本地—邻地"绿色技术进步效应[J].中国工业经济（1）：100-118.

杜龙政，赵云辉，陶克涛，等，2019.环境规制、治理转型对绿色竞争力提升的复合效应：基于中国工业的经验证据[J].经济研究，10：106-120.

丰超，王苗，黄健柏，2017."绿色化"对中国碳减排进程影响的实证检验[J].统计与决策（16）：134-137.

丰超，王苗，黄健柏，2017.绿色发展究竟会带来怎样的环境经济影响?：基于非参数方法的解答[J].科学学与科学技术管理，38（2）：31-43.

傅京燕，李丽莎，2010.环境规制、要素禀赋与产业国际竞争力的实证研究：基于中国制造业的面板数据[J].管理世界（10）：87-98，187.

高树婷，苏伟光，杨琦佳，2014.基于 DEA-Malmquist 方法的中国区域排污费征管效率分析[J].中国人口·资源与环境，24（2）：23-29.

龚海林，2012.产业结构视角下环境规制对经济可持续增长的影响研究[D].南昌：江西财经大学.

顾正娣，2016. 环境规制对企业绿色技术创新影响研究[D].南京：东南大学.

贯君，2017. 制造企业绿色创新的影响机理及行为演化研究[D].哈尔滨：哈尔滨工程大学.

郭国峰，郑召锋，2009. 我国中部六省文化产业发展绩效评价与研究[J]. 中国工业经济 （12）：76-85.

郭江，铁卫，李国平，2018. 运用CVM评估煤炭矿区生态环境外部成本的测算尺度选择研究：基于有效性和可靠性分析视角[J]. 生态经济，34(8)：163-168.

郭进，2019. 环境规制对绿色技术创新的影响："波特效应"的中国证据[J]. 财贸经济 （3）：147-160.

韩超，胡浩然，2015. 节能减排、环境规制与技术进步融合路径选择[J]. 财经问题研究 （7）：22-29.

韩晶，陈超凡，冯科，2014. 环境规制促进产业升级了吗？[J].北京师范大学学报 （1）：148-160.

韩强，曹洪军，宿洁，2009. 我国工业领域环境保护投资效率实证研究[J]. 经济管理，31(5)：154-160.

韩先锋，宋文飞，李勃昕，2019. 互联网能成为中国区域创新效率提升的新动能吗[J].中国工业经济(7)：119-136.

何立华，金江，2010. 自然资源、技术进步与环境库兹涅茨曲线[J]. 中国人口·资源与环境，20(2)：56-61.

何小钢，2014. 绿色技术创新的最优规制结构研究：基于研发支持与环境规制的双重互动效应[J]. 经济管理 （11）：144-153.

胡鞍钢，郑京海，高宇宁，等，2008. 考虑环境因素的省级技术效率排名

（1999—2005）[J]. 经济学（季刊）（4）：933-960.

胡鞍钢，2014. 国家治理现代化不是西方化[J]. 理论导报（7）：14.

胡鞍钢，2012. 绿色财富：从名义 GDP 到绿色 GDP[J]. 中关村（6）：62-64.

胡鞍钢，2014. 中国国家治理现代化[M]. 北京：中国人民大学出版社.

黄德春，刘志彪，2006. 环境规制与企业自主创新：基于波特假设的企业竞争优势构建[J]. 中国工业经济（3）：100-106.

黄平，胡日东，2010. 环境规制与企业技术创新相互促进的机理与实证研究[J]. 财经理论与实践，31（1）：99-103.

黄少安，孙圣民，宫明波，2005. 中国土地产权制度对农业经济增长的影响：对 1949—1978 年中国大陆农业生产效率的实证分析[J]. 中国社会科学（3）：38-47,205-206.

黄少安，韦倩，杨友才，2016. 引入制度因素的内生经济增长模型[J]. 学术月刊，48（9）：49-58,83.

江珂，2009. 环境规制对中国技术创新能力影响及区域差异分析：基于中国 1995—2007 年省际面板数据分析[J]. 中国科技论坛（10）：28-33.

蒋伏心，王竹君，白俊红，2013. 环境规制对技术创新影响的双重效应：基于江苏制造业动态面板数据的实证研究[J]. 中国工业经济（7）：44-55.

蒋为，2015. 环境规制是否影响了中国制造业企业研发创新？基于微观数据的实证研究[J]. 财经研究（2）：76-87.

金菊良，张礼兵，魏一鸣，2004. 水资源可持续利用评价的改进层次分析法[J]. 水科学进展（2）：227-232.

邝嫦娥，路江林，2019. 环境规制对绿色技术创新的影响研究：来自湖南省的证据[J]. 经济经纬，36(2)：126-132.

邝嫦娥，文泽宙，彭文斌，2019. 影子经济影响绿色创新效率的门槛效应[J]. 经济地理，39(7)：184-193.

李斌，彭星，欧阳铭珂，2013. 环境规制、绿色全要素生产率与中国工业发展方式转变：基于36个工业行业数据的实证研究[J]. 中国工业经济(4)：56-68.

李勃昕，韩先锋，李宁，2019. 知识产权保护是否影响了中国 OFDI 逆向创新溢出效应？[J]. 中国软科学，(3)：46-60.

李勃昕，韩先锋，宋文飞，2013. 环境规制影响清洁生产型产业技术创新效率吗？[J]. 中国科技论坛(5)：68-76.

李青原，肖泽华，2020. 异质性环境规制工具与企业绿色创新激励：来自上市企业绿色专利的证据[J]. 经济研究(9)：192-208.

李寿德，柯大钢，2000. 环境外部性起源理论研究述评[J]. 经济理论与经济管理(5)：63-66.

李旭颖，2008. 企业创新与环境规制互动影响分析[J]. 科学学与科学技术管理(6)：61-65.

梁劲锐，2019. 中国环境规制对技术创新的影响研究[D]. 西安：西北大学.

刘金林，冉茂盛，2015. 环境规制、行业异质性与区域产业集聚[J]. 财经论丛(1)：16-23.

刘思华，方时姣，2012. 绿色发展与绿色崛起的两大引擎：论生态文明创新经济的两个基本形态[J]. 经济纵横(7)：38-43.

刘研华，王宏志，2009. 我国环境规制效率的变化趋势及对策研究[J]. 生态经济(11)：172-175.

卢现祥，许晶，2012. 不同环境保护制度的绩效比较研究：基于省级动态面板数据[J]. 贵州社会科学（5）：82-87.

陆静超，姜振寰，2008. 环境政策绩效与激励机制分析[J]. 哈尔滨工业大学学报（社会科学版）（4）：96-103.

陆旸，2009. 环境规制影响了污染密集型商品的贸易比较优势吗？[J]. 经济研究，44(4)：28-40.

马淑琴，戴军，温怀德，2019. 贸易开放、环境规制与绿色技术进步：基于中国省际数据的空间计量分析[J]. 国际贸易问题（10）：132-145.

毛显强，钟瑜，张胜，2002. 生态补偿的理论探讨[J]. 中国人口·资源与环境（4）：40-43.

聂爱云，何小钢，2012. 企业绿色技术创新发凡：环境规制与政策组合[J]. 改革（4）：102-108.

潘兴侠，2014. 我国区域生态效率评价、影响因素及收敛性研究[D]. 南昌：南昌大学.

彭海珍，任荣明，2004. 国外关于环境管制与竞争力理论研究综述[J]. 经济纵横（3）：61-63.

齐绍洲，李杨，2018. 能源转型下可再生能源消费对经济增长的门槛效应[J]. 中国人口·资源与环境，28(2)：19-27.

齐绍洲，林屾，崔静波，2018. 环境权益交易市场能否诱发绿色创新？：基于我国上市公司绿色专利数据的证据[J]. 经济研究，53(12)：129-143.

齐绍洲，徐佳，2018. 环境规制与制造业低碳国际竞争力：基于二十国集团"波特假说"的再检验[J]. 武汉大学学报（哲学社会科学版），71(1)：132-144.

齐绍洲,徐佳,2018.贸易开放对"一带一路"沿线国家绿色全要素生产率的影响[J].中国人口·资源与环境,28(4):134-144.

钱丽,王文平,肖仁桥,2018.共享投入关联视角下中国区域工业企业绿色创新效率差异研究[J].中国人口·资源与环境,28(5):27-39.

邵培樟,2014.实施创新驱动发展战略的专利制度回应[J].知识产权(3):85-89.

沈芳,2004.环境规制的工具选择:成本与收益的不确定性及诱发性技术革新的影响[J].当代财经(6):10-12.

沈能,刘凤朝,2012.高强度的环境规制真能促进技术创新吗?:基于"波特假说"的再检验[J].中国软科学(4):49-59.

石磊,马士国,2006.网络外部效应对产业投资的影响:以电信业为例[J].数量经济技术经济研究(7):90-96.

石旻,张大永,邹沛江,2016.中国新能源行业效率:基于DEA方法和微观数据的分析[J].数量经济技术经济研究,33(4):60-77.

史青,2013.外商直接投资、环境规制与环境污染:基于政府廉洁度的视角[J].财贸经济(1):93-103.

宋国君,马中,姜妮,2003.环境政策评估及对中国环境保护的意义[J].环境保护(12):34-37,57.

宋马林,王舒鸿,2013.环境规制、技术进步与经济增长[J].经济研究,48(3):122-134.

唐啸,2014.绿色经济理论最新发展述评[J].国外理论动态(1):125-132.

童健,刘伟,薛景,2016.环境规制、要素投入结构与工业行业转型升级[J].经济研究,51(7):43-57.

童伟伟，张建民，2012.环境规制能促进技术创新吗:基于中国制造业企业数据的再检验[J].财经科学 （11）：66-74.

王兵，刘光天，2015.节能减排与中国绿色经济增长:基于全要素生产率的视角[J].中国工业经济（5）：57-69.

王国印，王动，2011.波特假说、环境规制与企业技术创新:对中东部地区的比较分析[J].中国软科学（1）：100-112.

王娟茹，张渝，2018.环境规制、绿色技术创新意愿与绿色技术创新行为[J].科学学研究，36(2)：352-360.

王俊豪，2001.中国自然垄断产业政府管制体制改革[J].经济与管理研究（6）：15-18.

王林辉，王辉，董直庆，2020.经济增长和环境质量相容性政策条件:环境技术进步方向视角下的政策偏向效应检验[J].管理世界（3）：39-60.

王玲玲，张艳国，2012."绿色发展"内涵探微[J].社会主义研究（5）：143-146.

王沂平，2001.市场外部性问题的经济学思考[J].经济与管理（10）：39-40.

王勇，李雅楠，李建民，2017.环境规制、劳动力再配置及其宏观含义[J].经济评论，8(2)：33-47.

王玉振，徐震，2012.环境政策对企业绩效的影响[J].中国环境管理（5）：5-14.

王志亮，杨媛，2016.环境管制国际比较与借鉴[J].财会通讯（7）：111-114，4.

魏楚，黄磊，沈满洪，2015.鱼与熊掌可得兼么?:我国环境管制波特假说的检验[J].世界经济文汇（1）：81-97.

吴超，杨树旺，唐鹏程，等，2018.中国重污染行业绿色创新效率提升模式构建[J].中国人口·资源与环境，28(5)：40-48.

吴金谦，2016.我国绿色专利发展路径研究[D].合肥:中国科学技术大学.

解垩，2008.环境规制与中国工业生产率增长[J].产业经济研究(1)：19-25,69.

解晋，2019.中国分省人力资本错配研究[J].中国人口科学(6)：84-96.

夏欣，2019.东北地区环境规制对经济增长的影响研究[D].长春:吉林大学.

肖丁丁，田文华，2017.环境规制影响技术创新的区域差异与分布特征:基于分位数回归与分解的再检验[J].软科学，31(11)：34-38.

徐彦坤，祁毓，2017.环境规制对企业生产率影响再评估及机制检验[J].财贸经济，38(6)：147-161.

许慧，李国英，2018.环境规制对绿色创新效率的影响研究[J].财经问题研究(9)：52-58.

颜伟，唐德善，2007.污染控制成本监督机制研究[J].科技管理研究(5)：166-167.

杨竟萌，王立国，2009.我国环境保护投资效率问题研究[J].当代财经(9)：20-25.

杨茂林，2012.关于绿色经济学的几个问题[J].经济问题(9)：4-14.

姚平，梁静国，陈培友，2008.煤炭城市人口—经济—系统协调发展测度与评价[J].运筹与管理(5)：160-166.

姚奕，2012.外商直接投资对中国碳强度的影响研究[D].南京:南京航空航天大学.

叶祥松，彭良燕，2011.我国环境规制下的规制效率与全要素生产率研究：1999—2008[J].财贸经济（2）：102-109,137.

于克信，胡勇强，宋哲，2019.环境规制、政府支持与绿色技术创新：基于资源型企业的实证研究[J].云南财经大学学报（4）：100-112.

于鹏，李鑫，张剑，等，2020.环境规制对技术创新的影响及其区域异质性研究：基于中国省级面板数据的实证分析[J].管理评论，32（5）：87-95.

于翔，胡培，2014.可持续发展先进示范区的技术溢出效应测定及实证研究[J].经济体制改革（4）：62-66.

于潇，孙悦，2017.逆全球化对亚太经济一体化的冲击与中国方案[J].南开学报（哲学社会科学版）（6）：88-97.

余晖，1994.《公司制度与企业改革》评介[J].中国工业经济研究（2）：78.

余晖，1994.管制的经济理论与过程分析[J].经济研究（5）：50-54.

余晖，1994.美国：政府管制的法律体系[J].中国工业经济研究（12）：62-69.

袁嘉琪，卜伟，2017.环境规制对北京市产业升级的影响[J].城市问题（7）：74-84.

原毅军，陈喆，2019.环境规制、绿色技术创新与中国制造业转型升级[J].科学学研究，37(10)：1902-1911.

原毅军，苗颖，谢荣辉，2016.环境规制绩效及其影响因素的实证分析[J].工业技术经济，35(1)：92-97.

原毅军，谢荣辉，2015.FDI、环境规制与中国工业绿色全要素生产率增长[J].国际贸易问题（8）：84-93.

原毅军，谢荣辉，2014.环境规制的产业结构调整效应研究：基于中国省际面板数据的实证检验[J].中国工业经济（8）：57-69.

岳立，李文波，2017.环境约束下的中国典型城市土地利用效率：基于 DDF-Global Malmquist-Luenberger 指数方法的分析[J].资源科学，39(4)：597-607.

张成，陆旸，郭路，等，2011.环境规制强度和生产技术进步[J].经济研究，46(3)：113-124.

张红凤，2012.环境规制理论研究[M].北京：北京大学出版社.

张娟，耿弘，徐功文，等，2019.环境规制对绿色技术创新的影响研究[J].中国人口·资源与环境，29(1)：168-176.

张平，张鹏鹏，蔡国庆，2016.不同类型环境规制对企业技术创新影响比较研究[J].中国人口·资源与环境(4)：8-13.

张平淡，袁浩铭，杜雯翠，2016.我国工业领域环保投资效率及其影响因素分析[J].大连理工大学学报(社会科学版)(1)：6-10.

张倩，冷婧，2016.环境规制下技术创新驱动的生态补偿研究：以黑龙江省为例[J].煤炭经济研究(10)：62-68.

张倩，曲世友，2013.环境规制下政府与企业环境行为的动态博弈与最优策略研究[J].预测，32(4)：35-40.

张天悦，2014.环境规制的绿色创新激励研究[D].北京：中国社会科学院研究生院.

张晓玲，2018.基于不完全契约理论的养老服务 PPP 模式研究[D].济南：山东财经大学.

张晓莹，2015.环境规制对中国污染产业贸易竞争力影响机理研究[J].经济与管理评论(3)：38-44.

张旭，王宇，2017.环境规制与研发投入对绿色技术创新的影响效应[J].科技进步与对策，34(17)：111-119.

赵红，2006. 环境规制的成本收益分析：美国的经验与启示[J]. 山东经济（2）：115-120.

赵红，2008. 环境规制对中国企业技术创新影响的实证分析[J]. 管理现代化（3）：4-6.

赵静，郝颖，2014. 政府干预、产权特征与企业投资效率[J]. 科研管理，35(5)：84-92.

赵细康，2003. 环境保护与产业国际竞争力[J]. 理论与实证分析，9(6)：32-33.

赵玉民，朱方明，贺立龙，2009. 环境规制的界定、分类与演进研究[J]. 中国人口•资源与环境，19(6)：85-90.

植草益，1993. 日本的微观经济系统[J]. 经济学动态（1）：53-55.

植草益，1992. 微观规则经济学[M]. 北京：中国发展出版社.

朱平芳，张征宇，姜国麟，2011. FDI与环境规制：基于地方分权视角的实证研究[J]. 经济研究，46(6)：133-145.

二、英文文献

ACEMOGLU D，2012. The environment and directed technical change [J]. Journal of American economic review（10）：1-36.

ARORA A，FOSFURI A，GAMBARDELLA A，2001. Specialized technology suppliers, international spillovers and investment：evidence from the chemical industry[J]. Journal of development economics，65（1）：31-54.

BARRO R J，2002. Quantity and quality of economic growth[R]. Central Bank of Chile.

BAUMOL W J，OATES W E，BAWA V S，et al.，1988. The theory of environmental policy[M].Cambridge，Eng.：Cambridge University Press：127-128.

BAUMOL，WILLIAM J，WALLACE E，et al.，1975. The theory of environmental policy[M]. Englewood Clifts ，NJ：Prentice Hall.

BERMAN E，BUI L T M，2001. Environmental regulation and productivity：evidence fromoil refineries[J]. Review of economics and statistics，83（3）：498-510.

BLOHMKE J ，KEMP R ，TURKELI S，2016. Disentangling the causal structure behind environmental regulation[J]. Technological forecasting & social change（103）：174-190.

BLOMSTR M M，KOKKO A，ZEJAN M，2000. Technology，market characteristics and spillovers[J]. Journal of development economics，43（2）：279-293.

BRUNNERMEIER S B，COHEN M A，2003. Determinants of environmental innovation in US manufacturing industries[J]. Journal of environmental economics and management，45（2）：278-293.

CHEUNG K Y，PING L，2004. Spillover effects of FDI on innovation in China：evidence from the provincial data[J]. China economic review，15（1）：25-44.

CHINTRAKARN P，2008. Environmental regulation and U.S. States' technical inefficiency[J]. Economics letters, 100(3): 363-365.

COLE M, ELLIOTT R, OKUBO T, 2010. Trade, environmental regulations and industrial mobility: an industry-level study of Japan [J]. Ecological economics, 69(10): 1995-2002.

CONRAD K, WASTL D, 1995. The impact of environmental regulation on productivity in German industries[J]. Empirical economics, 20(4): 615-633.

DAVIS L S, 2010. Institutional flexibility and economic growth [J]. Journal of comparative economics (38): 306-320.

DOWNING P B, WHITE L J, 1986. Innovation in pollution control [J]. Journal of environmental economics and management, 13(1): 18-29.

ESTY D C, DUA A, 1997. Sustaining the Asia Pacific miracle: environmental protection and economic integration[J]. Institute for International Economics, 3(1): 150-152.

EVA H, 2012. The impact of environmental performance on firm performance: short-term costs and long-term benefits? [J]. Ecological economics, 84(12): 91-97.

FRANCO C, MARIN G, 2017. The effect of within-sector, upstream and downstream environmental taxes on innovation and productivity [J]. Environmental & resource economics, 66(2): 261-291.

FRONDEL M, HORBACH J, RENNINGS K, 2007. End-of-pipe or cleaner production? An empirical comparison of environmental innovation decisions across OECD countries[J]. Business strategy and the environment，16(8)：571-584.

GLASS A J，SAGGI K，1998. International technology transfer and the technology gap[J]. Journal of development economics，55(2)：369-398.

GRAY W B，SHADBEGIAN R J，2003. Plant vintage technology and environment regulation[J]. Journal of environmental economics and management，46(3)：384-402.

GREEN K ，MCMEEKIN A ，IRWIN A，1994. Technological trajectories and R&D for environmental innovation in UK firms[J]. Futures，26(10)：1047-1059.

GREENSTONE M，2002. The impacts of environmental regulations on industrial activity：evidence from the 1970 and 1977 Clean Air Act Amendments and the census of manufactures[J]. Journal of political economy，62：199-200.

HALL B H，ROSENBERG N，2010. Handbook of the economics of innovation[J]. Elsevier Amsterdam，1：873-937.

HAMAMOTO M，2006. Environmental regulation and the productivity of Japanese manufacturing industries[J]. Resource and energy economics，28(4)：230-311.

HANSEN B E，1999. Threshold effects in non-dynamic panels：estimation，testing，and inference[J].Journal of econometrics，93(2)：345-368.

HOJNIK J，RUZZIER M，2016. What drives eco-innovation? A review of an emerging literature[J]. Environmental innovation and societal transitions (19): 31-41.

IRALDO F, TESTA F, MELISM, et al., 2011. A Literature review on the links between environmental regulation and competitiveness [J].Environmental policy&governance, 21(3): 210-222.

JAFFE A B, PALMER K, 1997. Environment regulation and innovation: a panel data study[J].Review of economics and statistics, 79 (4): 610-619.

JAMES P, 1997. The sustainability circle: a new tool for product development and design[J].Journal of sustainable product design, 2: 52-57.

JAN F, 2018. Mobilizing innovation for sustainability transitions: a comment on trans-formative innovation policy[J].Research policy, 47: 1568-1576.

JENS H, 2008. Determinants of environmental innovation-new evidence from German panel data sources[J]. Research policy (1): 163-173.

KAHN A E, 1970. The economics of regulation: principles and institutions[M].New York: John Wiley&Sons, Inc..

KAMMERER D, 2009. The effects of customer benefit and regulation on environmental product innovation: empirical evidence from appliance manufacturers in Germany[J]. Ecological economics, 68(8): 2285-2295.

KATHURIA V, 2007. Informal regulation of pollution in a developing country: evidence from India[J]. Ecological economics, 63(2): 403-

417.

KEMP R，ARUNDEL A，SMITH K，et al.，1997. Environmental poli-cy and technical change：a comparison of technological impact of policy instruments[M]. Cheltemham：Edward Elgar.

KEMP R，PONTOGLIO S，2011. The innovation effects of environ-mental policy instruments：a typical case of the blind men and the el-ephant[J]. Ecological economics，72(1)：28-36.

KOLSTAD C D，2011. Environmental economics[M].2nd ed. Lon-don：Oxford University Press.

KUMAR S，MANAGI S，2010. Sulfur dioxide allowances：trading and technological progress[J]. Ecological economics，69(3)：623-631.

KUMBHAKAR S C，CHISTOPHER F P，2009. The effects of match uncertainty and bargaining on labor market outcomes：evidence from firm and worker specific estimates[J]. Journal of productivity analysis，31(1)：1-14.

LACH S，2002. Do R&D subsidies stimulate or displace private R&D? Evidence from Israel[J].The journal of industrial economics，50(4)：369-390.

LANOIE P，LAURENT-LUCCHETTI J，JOHNSTONE N，et al.，2011. Environmental policy，innovation and performance：new in-sights on the porter hypothesis[J].Journal of economics and man-agement strategy，20(3)：803-842.

LANOIE P，LAURENT-LUCCHETTI J，JOHNSTONEN，et al. ，

2007. Environmental policy, innovation and performance: new insights on the porter hypothesis[R]. Cirano Working Papers: 5-19.

LEE E Y, CIN B C, 2010.The effect of risk-sharing government subsidy on corporate R&D investment: empirical evidence from Korea [J]. Technological forecasting and social change, 77(6): 881-890.

MANAGI S, HIBIKI A, TSURUMI T, 2009. Does trade openness improve environmental quality? [J]. Journal of environmental economics and management, 58(3): 346-363.

MICKWITZ P, HYVATTINEN H, KIVIMAA P, 2008. The role of policy instruments in the innovation and diffusion of environmentally friendlier technologies: popular claims versus case study experiences [J]. Journal of cleaner production, 16(1): S162-S170.

MILANI S, 2016. The impact of environmental policy stringency on industrial R&D conditional on pollution intensity and relocation costs[J]. Environmental & resource economics, 68(3): 1-26.

MIRATA M, EMTAIRAH T, 2005. Industrial symbiosis networks and the contribution to environmental innovation: the case of the Landskrona industrial symbiosis programme[J]. Journal of cleaner production, 23(10): 993-1002.

NOGAREDA J S, 2007. Determinants of environmental innovation in the German and Swiss Chemical industry: with special consideration of environmental regulation[D]. Zurich:Eth Zurich.

PICKMAN H A, 1998. The effect of environmental regulation on environmental innovation[J]. Business strategy and the environment,

7(4)：223-233.

PIGOU A C，2001. The economics of welfare[M].Beijing：China social sciences publishing.

POPP D，2006. International innovation and diffusion of air pollution control technologies：the effects of NO_x and SO_2 regulation in the US，Japan，and Germany[J]. Journal of environmental economics and management，51(1)：46-71.

POPP D，NEWELL R G，JAFFE A B，2009. Energy the environment and technological change[R]. Nber Working Paper.

PORTA R L ，LOPEZ-DE-SILANES F ，SHLEIFER A ，et al.，2002.Investor protection and corporate valuation[J].Journal of finance，57(3)：1147-1170.

PORTER M E，LINDE C V D，1995. Toward a new conception of the environment-competitiveness relationship[J]. Journal of economic perspectives，9(4)：97-118.

RODR GUEZ-CLARE A，1996. Multinationals，linkages，and economic development[J]. American economic review，86(4)：852-873.

RUBASHKINA Y，GALEOTTI M，VERDOLINI E，2015. Environmental regulation and competitiveness：empirical evidence on the porter hypothesis from European manufacturing sectors[J]. Energy policy，83(8)：288-300.

SCOTT W R，1995. Institutions and organizations[M]. CA.：SAGE Publications.

SONIA B K, NATALIA Z, 2008. The pollution haven hypothesis: a geographic economy model in a comparative study[R]. Feem Working Paper: 1-30.

TAYLOR, SCOTT M, 2005. Unbundling the pollution haven hypothesis[J]. Advances in Economic Analysis & Policy, 3(2):1-28.

THOMAS V J, SHARMA S, JAIN S K, 2011. Using patents and publications to assess R&D efficiency in the states of the USA [J]. World patent information, 33(1): 4-10.

TORNELL A, 1997. Economic growth and decline with endogenous property rights[J]. Journal of economic growth (2): 219-250.

WAGNER M, 2008. Empirical influence of environmental management on innovation: evidence from Europe[J]. Ecological economics, 66(2-3): 392-402.

WALLEY N, WHITEHEAD B, 1994. It's not easy being green [J]. Harvard business review, 72(3): 46-52.

WORLD BANK, 2006. Governance, investment climate, and harmonious society-competitiveness enhancements for 120 cities in China [R]. Survey Report.

XIE R H, YUAN Y J, HUANG JJ, 2017. Different types of environmental regulations and heterogeneous influence on "green" productivity: evidence from China[J]. Ecological economics (2), 132: 104-112.

YANG C H, TSENG Y H, CHEN C P, 2012. Environmental regulations, induced R&D, and productivity: evidence from Taiwan's

manufacturing industries[J]. Resource and energy economics, 34
(4): 514-532.

CHEN Y S, LAI S B, WEN C T, 2006. The influence of green innova-
tion performance on corporate advantage in Taiwan[J]. Journal of
business ethics (4): 331-339.

ZHAO X, SUN B, 2016. The influence of Chinese environmental regu-
lation on corporation innovation and competitiveness[J]. Journal of
cleaner production, 112(4): 1528-1536.

ZHAO X, YIN H, ZHAO Y, 2015. Impact of environmental regula-
tions on the efficiency and CO_2 emissions of power plants in China
[J]. Applied energy, 149: 238-247.